Collection « Raisonance »

Misère de la Finance

5-7, rue de l'École-Polytechnique, 75005 Paris

www harmattan.com
diffusion.harmattan@wanadoo.fr
harmattan1@wanadoo.fr

ISBN : 978-2-343-03503-1
EAN : 9782343035031

Josse ROUSSEL

Misère de la Finance

L'Harmattan

Du même auteur

Vers l'entreprise numérique, Gualino Editeur, 2005.

Economie et Management de l'Entreprise, L'Harmattan, 2011.

Action rationnelle et convention de capital humain, Editions Universitaires Européennes, 2012.

INTRODUCTION

Les marchés financiers sont avant tout des…marchés et devraient donc fonctionner de la même manière que les marchés de biens et services. C'est ce qu'affirme en effet Samuelson (1998). Selon lui, chaque chose échangée sur un marché a un prix, que cette chose soit un bien ou un service. Il évoque la règle fondamentale de l'offre et de la demande. Ainsi, Samuelson énonce que si la demande d'un bien particulier augmente à offre constante, le prix de ce bien augmentera ce qui en retour incitera les producteurs à offrir davantage de ce bien. L'ajustement par les prix, ici la hausse du prix, permet de rendre compatibles l'offre et la demande. Il affirme que si par exemple l'offre d'un bien est excessive par rapport à la demande, la concurrence entre les firmes constituant la fonction d'offre, aboutira à une baisse du prix de ce bien, ce qui par voie de conséquence stimulera la demande. En effet, la demande augmentera puisque le bien en question est meilleur marché. L'offre baissera car les firmes, confrontées à un prix en baisse, seront moins bien rémunérées. Une fois de plus, l'ajustement des prix permet un retour à l'équilibre entre l'offre et la demande.

Le raisonnement tenu par Samuelson selon lequel les variations de prix sur un marché de biens ou de services permettront d'atteindre une situation d'équilibre où l'offre est compatible avec la demande, est étendu mutatis mutandis aux marchés de capitaux. Ce qui est vrai des marchés de biens de consommation et de service l'est également pour les marchés au sein desquels des facteurs de production comme le travail, le foncier et le capital sont échangés.

Comment ne pas être en accord avec le raisonnement de Samuelson ? En effet, si la demande pour un bien augmente à offre constante, le prix de ce bien augmentera ce qui entrainera par la suite une hausse de l'offre, celle-ci étant mieux rémunérée par des prix plus élevés.

Le processus de marché permet ainsi aux marchés d'atteindre une situation d'équilibre et d'allouer les ressources de manière optimale. Si des entrepreneurs découvrent une meilleure allocation des ressources pour certains biens ou facteurs de production, ils seront prêts à les payer davantage ce qui entraînera une hausse de leur prix. Le prix plus élevé reflétera ainsi une efficacité économique supérieure.

Cependant, qu'en est-il du marché des capitaux ? Est-ce que les marchés financiers, c'est-à-dire les marchés qui permettent d'échanger des titres financiers (actions, obligations, produits dérivés), se conforment à la démonstration énoncée par Samuelson ?

Il existe bien entendu des marchés qui contredisent le raisonnement de Samuelson, c'est-à-dire des marchés pour lesquelles la hausse des prix n'entrainera pas nécessairement une baisse de la demande et une augmentation de l'offre. Les marchés de l'art et des biens de luxe sont caractérisés par le fait que la demande est en grande partie stimulée parce que l'offre ne peut précisément pas être augmentée de manière significative. Qui accepterait de payer une œuvre d'Andy Warhol plusieurs centaines de milliers d'euros s'il était possible d'augmenter l'offre des œuvres de cet artiste ? C'est parce que l'offre n'est pas sensible au prix que les acheteurs acceptent de payer un prix que d'aucuns jugeraient exorbitant pour une œuvre d'art.

Intéressons-nous désormais au marché des produits de luxe. La consommation des produits de luxe revêt un caractère ostentatoire. Acheter un produit de luxe procure une gratification symbolique au delà de l'usage du produit en lui-même : l'acheteur bénéficie, par la possession du bien de luxe, d'un ensemble de services de nature symbolique : notamment le sentiment de posséder un objet exceptionnel et d'appartenir à une élite capable de s'offrir ce type de produit. Mais la consommation d'un produit de luxe permet également d'affirmer son statut social, elle reflète un pouvoir économique. Le produit de luxe est ainsi un trophée gagné dans le cadre d'une compétition économique difficile. Il peut s'exhiber comme le témoignage symbolique d'une réussite sociale et économique, contribuant ainsi à marquer le territoire social en distinguant l'élite économique du commun des consommateurs. L'économiste Thornstein Veblen (2003) a parfaitement analysé les marchés des produits de luxe. Il a notamment observé qu'à la différence de la plupart des marchés de biens et services, la demande pour les produits de luxe a tendance à augmenter face à une hausse des prix. Ce comportement étonnant de la demande n'est pas irrationnel si l'on tient compte du caractère symbolique de la consommation d'un produit de luxe. En effet, selon Veblen, ce sont les prix élevés des produits de luxe qui encouragent leur consommation. Ce phénomène est d'ailleurs renforcé lorsque le prix d'un bien de luxe est de notoriété publique, c'est à dire perçu comme excessivement onéreux par le grand public. En acquérant un bien de luxe on signifie donc de manière symbolique au grand public sa réussite sociale.

Cependant, on peut légitimement considérer que les marchés de l'art et des produits de luxe ne sont pas les plus pertinents sur le plan économique. Une économie moderne serait ainsi essentiellement structurée autour de marchés de biens et services fonctionnant selon le schéma décrit par Samuelson, les marchés du luxe et de l'art n'y tenant qu'une place somme toute assez faible.

Mais qu'en est-il précisément des marchés financiers ? Comment les marchés de capitaux fonctionnent-ils ? Est-ce que la demande de titres financiers réagit comme le décrit Samuelson ?

CHAPITRE 1

L'efficience des marché financiers : un fondement de la finance moderne

Pour la plupart des économistes, l'importance de l'hypothèse de l'efficience des marchés ne tient pas tant au mécanisme d'ajustement des prix en lui-même, mais à la capacité de ce dernier à favoriser l'allocation optimale des ressources afin de maximiser la croissance.

Dans l'univers de la finance, l'accent est mis sur la manière dont les titres financiers sont valorisés sur les marchés et notamment sur l'information que ces prix de marchés apportent aux investisseurs. La théorie financière a ainsi étendu la notion d'efficience des marchés et développé un certain nombre de règles décrivant la manière dont les marchés fonctionnent s'ils sont efficients.

1 – Efficience des marchés et information

Le message essentiel qu'apporte la théorie moderne de la finance en ce qui concerne l'efficience des marchés (Efficient Market Hypothesis) est que les prix des titres financiers sont toujours une parfaite représentation de la valeur fondamentale de ces titres. Des marchés financiers efficients sont donc des marchés qui fixent des prix pertinents.

En d'autres termes, le prix d'un actif financier aujourd'hui reflète de manière parfaite la valeur réelle de ce titre en tenant compte des conditions économiques actuelles et de la manière dont elles sont susceptibles d'évoluer. Ainsi, à tout moment, le prix d'un titre financier est le meilleur reflet possible de sa valeur fondamentale. Par exemple, le cours d'une action reflète la valeur fondamentale de la firme, compte tenu de l'évolution des facteurs macroéconomiques (taux de change, croissance, consommation, taux d'intérêt, etc.) et microéconomiques (dynamique concurrentielle, innovation, etc.).

Si, à tout moment le prix d'un actif financier est une représentation parfaite de la valeur de l'actif, comment dès lors pouvons-nous expliquer les variations des prix des titres négociés sur les marchés financiers ?

Les variations de prix des actifs financiers ne peuvent ainsi être expliquées que par des « chocs externes » susceptibles d'avoir un impact sur les flux de revenus que l'actif génèrera dans le futur. Ces « chocs externes » seront perçus par les investisseurs sous la forme d'informations (publications des données financières des sociétés cotées, publications macroéconomiques, annonces de nouvelles réglementations, etc.). En conséquence, sur la base de ces informations, les investisseurs modifieront leurs anticipations des flux de revenus que l'entreprise est en mesure de générer. Par exemple, supposons qu'une firme cotée, PSA –Peugeot Citroën-, annonce une baisse des ventes et par ailleurs un rappel massif de certains véhicules pour remplacer un composant défectueux. Les investisseurs estimeront que les flux de revenus générés par PSA vont baisser de manière significative. Ils seront donc à la vente sur le titre PSA, ce qui entraînera la baisse de son cours. Ainsi, le cours de l'action PSA reflétera les deux informations publiées par la firme. Ces informations seront donc intégrées au prix de ce titre financier.

Selon la théorie des marchés efficients, les changements permanents des prix des actifs financiers ne font que refléter le flux continu de nouvelles informations.

En conséquence, les bulles spéculatives ne sont pas compatibles avec la théorie des marchés efficients. Une bulle spéculative se définit par une période relativement longue, pouvant durer jusqu'à plusieurs années, durant laquelle le prix de certains actifs est largement supérieur à leur valeur fondamentale. Une bulle spéculative, à l'instar de la bulle Internet des années 90, est ainsi en contradiction flagrante avec la théorie des marchés efficients. Toutefois, certains économistes comme Pastor et Veronezi (2006) ont tenté de démontrer que les variations de valorisation sur le NASDAQ Composite Index (1140 points en mars 1996, 5048 points en mars 2000, 1140 points en octobre 2002) ne correspondaient pas à une bulle spéculative ! Pour ces économistes, il s'agissait de démontrer que la théorie des marchés efficients n'est pas remise en cause par une telle volatilité de valorisation, leur argument principal consistant à avancer que la valeur fondamentale d'une firme augmente avec l'incertitude liée à la probabilité des revenus futurs. Puisque l'incertitude liée à l'impact des technologies de l'information sur les flux de revenus futurs était très élevée durant les années 90, il est logique, selon ces économistes, que cette période fut caractérisée par une importante volatilité en termes de valorisation ! Reconnaissons qu'il est tout à fait possible de postuler l'inverse, à savoir que plus l'incertitude relative aux revenus futurs d'une firme est élevée, moins elle sera valorisée.

Par ailleurs, l'hypothèse des marchés efficients est fondée sur une conception singulière de la manière dont les prix des actifs financiers évoluent. En effet, ces derniers sont des variables aléatoires qui suivent une loi de probabilité particulière, la loi normale. Il est ainsi possible de calculer une distribution de probabilité des rendements futurs des titres financiers et donc leur prix.

Le fait de considérer que les prix des actifs financiers suivent la loi normale conduit à minimiser la probabilité des variations de prix extrêmes, c'est-à-dire des variations très éloignées, à la hausse ou à la baisse, de la moyenne.

Or, les faits, là encore, ne corroborent pas cette conception.

1 - 1 Efficience des marchés et loi normale

La volatilité des cours des actifs financiers est souvent beaucoup plus importante que ce que décrit la loi normale. De nombreux investisseurs en font les frais chaque année. Ainsi, Doug King, le cofondateur de Merchant Commodity Fund, un Hedge Fund spécialisé dans les marchés des matières premières a perdu énormément d'argent en 2012 à cause de la volatilité extrême des variations de prix de certaines matières premières dans lesquelles le fonds a investi. Une des pertes les plus importantes enregistrées par Merchant Commodity Fund s'apparente selon King à un événement de marché éloigné de plus de 25 écart-types du rendement moyen observé les deux années précédentes. Si les rendements des matières premières se conformaient réellement à une distribution statistique épousant la loi normale, un événement éloigné de plus de 25 écart-types du rendement moyen serait quasi impossible. La probabilité que celle-ci se matérialise est infinitésimale (elle est estimée à $3,10^{-138}$). On pourrait argumenter, pour défendre l'hypothèse de la loi normale, que Merchant Commodity Fund a été victime d'un phénomène exceptionnel, une exception infime à une règle décrivant de manière satisfaisante les phénomènes de marché. Cet argument ne nous semble pas recevable car des événements de marché extrêmes, c'est-à-dire qui s'éloignent de plus de 4 écart-types de la moyenne sont assez fréquents, si l'on tient compte de l'histoire récente des marchés financiers.

Ainsi, durant la semaine du 19 décembre 1994, le peso mexicain s'est déprécié de 40% par rapport au dollar américain. En supposant une loi normale, étant donné la moyenne historique et l'écart-type des cours du peso, une variation de cette amplitude a une chance d'apparaître une fois en 10 milliards d'années de trading !

Des événements de marché d'ampleur similaire se sont produits assez fréquemment : le krach du marché des actions américain en octobre 1987, la chute du cours du cuivre en 1996, les dépréciations du baht thaïlandais, du dollar malaisien et du peso philippin en 1997, la chute des marchés actions suite à l'éclatement de la bulle internet en 2000, la très grande volatilité des marchés actions à la fin 2008, notamment aux Etats-Unis et en Europe, suite à la faillite de Lehman Brothers.

1 - 2 L'hypothèse d'instabilité des marchés financiers

L'hypothèse d'instabilité des marchés financiers a été développée par l'économiste américain Hyman Minsky (2008). Comme nous allons le montrer, Minsky met en avant une vision très différente du fonctionnement des marchés financiers au regard de celle à laquelle adhèrent les économistes se rattachant à l'hypothèse d'efficience des marchés financiers.

En effet, selon l'hypothèse d'efficience des marchés financiers, les marchés de capitaux tendent naturellement vers une position d'équilibre stable. L'équilibre ne sera perturbé que par un événement extérieur au fonctionnement du marché. Ainsi, la situation d'équilibre est endogène à la manière dont le marché se déploie : le mécanisme d'ajustement par les prix permet à l'offre et à la demande d'être égales. L'équilibre est donc endogène au fonctionnement du marché. Or, les situations de déséquilibre peuvent être fréquemment observées sur les marchés et notamment sur les marchés financiers. Comment dès lors rendre compte des situations de déséquilibre si l'on s'en tient à la doctrine selon laquelle les marchés financiers sont efficients ? Le déséquilibre ne peut venir que d'un évènement extérieur, par exemple une information inattendue sur la croissance, l'annonce d'une baisse surprise des profits d'une firme, l'éclatement d'un conflit dans une zone sensible, etc. Le déséquilibre est donc hétérogène au fonctionnement du marché. Les incessantes variations de prix observées sur les marchés financiers s'expliquent ainsi par un flux perpétuel d'événements et d'informations. Les prix vont effet s'ajuster à ces événements et informations pour permettre aux marchés de s'équilibrer. Les oscillations perpétuelles des prix de marché ne font dès lors que refléter le flux permanent des informations qui irriguent les marchés de capitaux.

L'hypothèse d'instabilité développée par Minsky est bien différente. Selon cet économiste, les marchés financiers recèlent en leur sein des forces déstabilisatrices qui les éloignent de l'équilibre. Le déséquilibre ne s'explique plus par des raisons externes mais par des éléments qui sont intrinsèques au marché. Ces forces déstabilisatrices prendront la forme de vagues d'endettement, associées à une forte inflation du prix des actifs suivies de vagues de contraction du crédit et de baisse du prix des actifs. Les marchés sont ainsi ni stables ni orientés vers l'équilibre. Bien entendu, l'instabilité des marchés financiers et leur incapacité à se retrouver spontanément en situation d'équilibre, ne permettent plus de garantir qu'ils allouent les ressources de manière optimale.

Minsky a mis en évidence plusieurs forces déstabilisatrices telles que la rareté de l'offre de certains actifs financiers qui stimulent la demande, et la hausse du prix des actifs financiers qui entraîne également une hausse de la demande de ces mêmes actifs.

Cependant, nous nous appuierons pour le reste de l'ouvrage sur ce que Minsky considérait comme les forces déstabilisatrices essentielles : le système bancaire et le processus de création monétaire.

1 – 3 Un marché bancaire en miniature : les fonds (mutual funds) monétaires américains

A titre d'illustration de la manière dont les marchés financiers peuvent engendrer de l'instabilité et s'éloigner d'une situation d'équilibre, nous allons nous appuyer sur le fonctionnement des fonds monétaires américains. Ces derniers représentent en quelque sorte un système bancaire en miniature. Ces fonds, qui se rapprochent des fonds SICAV monétaires, sont une partie prenante importante de l'environnement financier aux Etats-Unis.

Pour les investisseurs, ces fonds monétaires sont équivalents à des comptes bancaires traditionnels, la rémunération en plus. Il est en effet très aisé de déposer de l'argent dans ces fonds monétaires et d'en retirer, et ce de manière journalière. La liquidité de ces *mutual funds* est dès lors très importante et tout à fait comparable à la liquidité offerte par un compte bancaire classique.

Si l'on pousse un peu plus loin la comparaison avec un compte bancaire classique, on s'aperçoit que les similitudes sont très importantes. Les investisseurs exigent d'un fonds monétaire comme d'un compte bancaire classique qu'ils puissent garantir le montant des dépôts augmenté d'un taux d'intérêt calculé en fonction de la durée durant laquelle l'argent a été déposé. Pareillement, ils exigent de pouvoir retirer les fonds à tout moment. Il serait considéré comme inacceptable qu'une banque ou qu'un fonds monétaire ne soit pas en mesure de permettre à un investisseur de retirer tout ou partie de ses liquidités.

Ainsi, un fonds monétaire apporte la même liquidité qu'un dépôt bancaire à court terme tout en faisant bénéficier aux investisseurs d'un taux plus rémunérateur.

Dès lors qu'un investisseur peut bénéficier d'une combinaison aussi attractive, à savoir un taux élevé et une très grande liquidité, il ou elle considérera ces fonds monétaires comme des substituts plus performants par rapport aux dépôts bancaires traditionnels. Ils pourront ainsi retirer de manière quotidienne des liquidités pour des montants plus ou moins importants comme ils le font avec des dépôts bancaires. La plupart du temps, les retraits et les dépôts de liquidités quotidiens vont s'équilibrer laissant les actifs des fonds monétaires à un niveau globalement stable. Pour les gérants de ces fonds, l'impression est que le montant total des actifs sous gestion est stable alors qu'il est en fait sans cesse en mouvement pour une petite partie de l'encours total.

Cette impression de stabilité permet aux gérants d'investir une grande partie des liquidités sur le marché monétaire, le cas échéant en plaçant l'argent sur des instruments financiers dont la maturité peut atteindre plusieurs mois. Investir les liquidités sur des maturités de plus en plus longues permet au gérant de bénéficier d'une rémunération un peu plus élevée qu'il pourra en partie reverser à son client, c'est-à-dire au déposant. Les déposants sont donc satisfaits puisqu'ils bénéficient dans ce cas d'une rémunération attractive et de la possibilité de retirer tout ou partie de leurs liquidités à tout moment. Tout fonctionne pour le mieux jusqu'au jour où plusieurs investisseurs décident de retirer leurs fonds en même temps.

Des objectifs conflictuels générant de l'instabilité

Les gérants de ces fonds monétaires calculent chaque jour les rendements générés par les investissements réalisés sur le marché monétaire. Ce faisant ils sont en mesure de calculer le taux que les fonds pourront payer à leurs clients. Ces taux sont bien entendu consultables par les investisseurs qui recherchent un fonds monétaire attractif dans lequel placer leur liquidité. La concurrence entre ces fonds exerce une très forte pression sur les gérants pour offrir des rendements de plus en plus attractifs aux investisseurs. Ces derniers sont en effet très prompts à retirer leurs liquidités d'un fonds moins rentable pour les placer dans un fonds qui l'est davantage. En conséquence, les fonds qui offrent de manière récurrente des rendements médiocres se retrouveront rapidement confrontés à une fuite des investisseurs vers d'autres fonds plus rémunérateurs. Ces fonds, durablement moins performants, seront donc sortis du marché, éliminés par la concurrence. Pour survivre, une seule solution : générer des rendements plus élevés. Comment y parvenir ? En plaçant les liquidités sur des instruments financiers de maturité plus longue et surtout plus risqués. Ce n'est qu'en acceptant de prendre davantage de risque qu'il sera possible pour un fonds monétaire d'augmenter le rendement offert aux investisseurs. Cependant, cette stratégie consistant à prendre davantage de risque pour générer des rendements plus importants est en contradiction avec l'engagement de liquidité de ces fonds : restituer aux épargnants les dépôts investis augmentés des intérêts dus.

Le mécanisme des paniques bancaires

Que peut-il se passer lorsqu'un prêt accordé par un de ces fonds monétaires fait défaut ? Le gérant doit reconnaître que le prêt en question a généré un taux négatif et répartir cette perte sur l'ensemble des fonds sous gestion. Ce faisant, même des défauts assez limités sont susceptibles de réduire de manière significative le rendement moyen du fonds. En conséquence, les déposants seront incités à retirer leurs liquidités de ce fonds pour les placer dans un autre fonds dont le rendement moyen est plus attractif. Le gérant devra donc répartir les pertes enregistrées sur le prêt qui a fait défaut sur un volume de dépôts plus limité, ce qui réduira encore le rendement moyen du fonds. Les déposants fidèles verront ainsi la rémunération de leurs liquidités baisser davantage, ce qui encouragera certains d'entre eux à quitter ce fonds. La baisse des dépôts sous gestion accentuera la baisse du rendement moyen, ce qui donnera une forte incitation aux derniers déposants à quitter un fonds pris dans une spirale baissière.

Ainsi, ce qui démarra par un incident limité, le défaut d'un prêt consenti par un fonds, qui ne concernait qu'une petite partie des actifs gérés, peut dégénérer en un cycle de retrait pouvant culminer jusqu'à l'effondrement du fonds lui-même. Ce mécanisme illustre l'instabilité intrinsèque d'un système où l'on tente de combiner des objectifs contradictoires : garantir aux déposants un rendement sur leur capital tout en investissant ce capital dans des placements risqués.

Cette instabilité est au cœur de ce que l'on qualifie de panique bancaire. Ce que nous avons illustré en nous appuyant sur l'exemple des fonds monétaires vaut pour les banques comme l'a montré Northern Rock. Cette banque a pris sous gestion des dépôts qui ont été investis dans des placements de long terme et risqués. Dès lors que certains déposants suspectent que la banque a essuyé des pertes significatives, ils retireront leur fonds et inciteront les autres déposants à faire de même, ce qui déclenchera une panique bancaire.

Rétroaction positive

Le phénomène des paniques bancaires relève d'un phénomène de rétroaction positive. Ce dernier se caractérise par le fait qu'un événement donné, par exemple la baisse des prix d'une classe d'actif, engendre ce même phénomène dans un futur immédiat. Les prix de l'immobilier baissent, ce qui entraîne la baisse future des prix, parfois en l'amplifiant. Bien entendu, à terme, la rétroaction positive s'atténue progressivement et finit par disparaître, mettant un terme au cycle de baisse des prix de l'immobilier.

Lorsque des déposants retirent de manière massive leur liquidité d'une banque, cela entraîne de futurs retraits déclenchant ainsi une panique bancaire.

2 – Le rôle des banques centrales

Aujourd'hui, toutes les économies modernes disposent d'une banque centrale. Nous n'avons pas pour objectif ici de revenir sur le processus historique qui a permis la naissance des banques centrales. Ce processus n'est en effet pas uniforme selon les nations et revêt des contextes institutionnels et historiques très divers. Il s'agit ici de s'interroger sur l'impact des banques centrales sur le fonctionnement des marchés financiers. Les banques centrales peuvent-elles contribuer à stabiliser des marchés financiers qui, comme nous l'avons vu, sont mus par des forces déstabilisantes ou, au contraire, sont-elles des instruments de déstabilisation aggravant la propension des marchés de capitaux à entrer dans un processus déstabilisateur ?

Remarquons que les banques centrales sont des institutions publiques qui jouissent d'un privilège considérable puisqu'elles disposent du monopole de l'offre de monnaie sur une zone géographique donnée correspondant le plus souvent à un état nation. Dans le cas de la zone euro, la banque centrale européenne opère sur une zone plus large recouvrant plusieurs états nations.

De fait, les banques centrales d'aujourd'hui sont sans doute les institutions les plus puissantes sur le plan économique.

Leurs actions déterminent le montant des intérêts que nous percevons sur nos dépôts, que nous payons sur les emprunts que nous contractons et notamment sur les emprunts immobiliers. Ce faisant, elles influencent la valeur des actifs immobiliers et financiers mais également l'évolution du niveau général des prix que nous mesurons par un taux d'inflation. Lorsqu'une banque centrale baisse ses taux à des niveaux très faibles, ce qui est le cas depuis 2009, elle diminue le coût du crédit ce qui permet aux ménages d'emprunter davantage. Les secteurs d'activité qui recourent de manière structurelle à une demande en partie financée par la dette sont ainsi favorisés par une telle politique. Sur le marché immobilier, la demande sera ainsi soutenue. Si une telle politique de taux très bas est prolongée de manière excessive, elle peut entraîner une hausse des prix de l'immobilier significative, voire une bulle immobilière.

Une banque centrale bien gérée peut contribuer à la prospérité économique et la stabilité des prix en mettant en place les conditions d'une croissance saine et durable. Des politiques monétaires hasardeuses peuvent engendrer des conséquences économiques désastreuses. Le marasme financier de 2008 ne peut-il pas être interprété en partie comme la conséquence d'une politique monétaire trop accommodante de la part de la Federal Reserve ? Les bulles financières à répétition dont nous avons été témoins ces trente dernières années ne sont-elles pas là encore la rançon d'une politique de taux très bas maintenue durant une période excessive ? L'hyperinflation allemande des années 1920, les hyperinflations brésiliennes et argentines des années 1970, l'hyperinflation observée au Zimbabwe aujourd'hui ne sont-elles pas le prix à payer pour des politiques monétaires misant de manière excessive sur la planche à billets ? Nous reviendrons sur les mécanismes par lesquelles les politiques monétaires trop expansionnistes produisent des effets négatifs ultérieurement. Quoi qu'il en soit, force est de constater que les banquiers centraux, ces hauts fonctionnaires qui dirigent les banques centrales, sont sans doute les personnages les plus puissants de la planète sur le plan économique. Les décisions que prennent le chairman de la Fed et le gouverneur de la banque centrale européenne ont des conséquences sur la vie quotidienne de millions d'individus et d'entreprises. Pourtant ces banquiers centraux ne sont pas soumis à un quelconque contrôle démocratique : ils sont nommés et non pas élus et par ailleurs, ils jouissent d'une indépendance considérable vis-à-vis du pouvoir politique en place. Remarquons qu'aujourd'hui, l'indépendance de la banque centrale qui revient à placer cette institution en dehors de l'influence des gouvernements, est perçue comme un élément fondamental de la bonne gestion d'une banque centrale.

Les investisseurs sont bien conscients de l'importance que revêt la banque centrale sur le plan économique. Ces derniers scrutent d'ailleurs avec anxiété les moindres déclarations et commentaires des banquiers centraux afin de mieux anticiper les décisions qu'ils s'apprêtent à prendre en termes de politique monétaire. Certains sont même devenus des spécialistes du décryptage des discours de ces grands argentiers, véritables oracles économiques, sachant lire entre les lignes afin d'anticiper les moindres évolutions de la politique monétaire et leurs conséquences sur les marchés de capitaux. Les décisions d'investissement prises par les gérants de SICAV et d'assurance-vie sont directement influencées par les politiques monétaires mises en œuvre par les banques centrales.

En dépit de l'importance des banques centrales dans le fonctionnement de l'économie, le commun des mortels ne perçoit sans doute pas très clairement leur rôle central dans le fonctionnement de l'économie et les raisons qui permettent de rendre compte de leur existence et de leur indépendance du pouvoir politique.

2 - 1 Stabilité des prix et croissance

Les banques centrales les plus influentes aujourd'hui sont sans conteste la réserve fédérale américaine et la banque centrale européenne. Ces deux grandes institutions monétaires partagent le même objectif à savoir la stabilité des prix. Cependant, cet objectif partagé masque des divergences importantes sur la manière de l'atteindre. C'est une chose d'avoir comme objectif la stabilité des prix, c'en est une autre de choisir les instruments qui vont permettre d'atteindre cet objectif.

La politique monétaire de la banque centrale européenne met l'accent sur le contrôle de la croissance de la masse monétaire, notamment mesuré par l'agrégat M3. Cet agrégat mesure la croissance de l'offre de monnaie au sein de la zone euro. Notons que l'agrégat M3 mesure également la croissance de l'endettement. Ainsi, la banque centrale européenne s'assure que la croissance de la masse monétaire n'est pas excessive afin de garantir la stabilité des prix, c'est-à-dire un taux d'inflation modéré inférieur à 2% par an. C'est pour maintenir une croissance de la masse monétaire à un niveau raisonnable que la banque centrale européenne va éventuellement augmenter ou réduire ses taux directeurs : les augmenter pour favoriser l'expansion monétaire, les baisser pour au contraire freiner la croissance de l'offre de monnaie.

Les politiques mises en œuvre par la réserve fédérale sont à ce titre bien différentes. La Fed ne se préoccupe pas de suivre la croissance de la masse monétaire en utilisant le même agrégat, à savoir M3. Pour la banque centrale américaine, l'information offerte par M3 est également disponible en suivant d'autres mesures de la croissance de la masse monétaire. A la différence de la banque centrale européenne, la Fed ne semble pas s'inquiéter outre mesure d'une vigoureuse croissance de la masse monétaire (une croissance des agrégats monétaires beaucoup plus rapide que la croissance du PIB) ou de l'endettement des ménages et des entreprises. Elle ne semble pas inquiète non plus par une forte progression du prix de certaines classes d'actifs financiers. En revanche, la Fed estime qu'il peut y avoir un niveau insuffisant de ces différentes variables : il n'y a jamais de création monétaire excessive mais il peut y avoir une insuffisance de création monétaire ; il n'y a jamais d'excès d'endettement alors qu'il peut y avoir une insuffisance du recours au crédit ; il n'y a jamais de bulles spéculatives sur les marchés de capitaux mais il est possible que certaines classes d'actif soient jugées par la Fed comme insuffisamment valorisées. Ainsi, la politique monétaire de la Federal Reserve se caractérise par un biais expansionniste évident : les instruments de politique monétaire seront toujours utilisés de manière agressive de manière à prévenir ou à inverser un processus de contraction du crédit ou une baisse du prix des actifs (baisse des prix de l'immobilier par exemple). Par contre, la Fed n'utilisera quasiment jamais les instruments de politique monétaire pour empêcher une expansion de l'endettement trop rapidement ou freiner la hausse du prix des actifs financiers et immobiliers. La banque centrale américaine a donc un comportement totalement asymétrique : on ne se préoccupe pas de la formation d'une bulle spéculative, que celle-ci concerne les marchés actions ou l'immobilier, mais on fera tout pour faire relever les valorisations après l'éclatement d'une bulle spéculative. La Fed n'intervient jamais pour empêcher les bulles mais elle intervient toujours pour les regonfler !

L'argumentaire de la Fed est qu'il est de fait impossible de caractériser une bulle spéculative avant qu'elle n'éclate. Si les marchés financiers sont efficients, les valorisations des actifs financiers reflètent dès lors la valeur fondamentale des actifs : il n'y a donc pas de bulle. En revanche, dès qu'une bulle financière éclate, la Fed estime que la baisse massive des prix qui est engendrée est préjudiciable au bon fonctionnement de l'économie en modifiant de manière durable le comportement des agents économiques. Prenons l'exemple de l'éclatement de la bulle des marchés actions au début des années 2000 après une décennie de hausse ininterrompue des prix des actions. Pour la Fed, la très forte dépréciation du prix des actions entraîne un effet richesse négatif. En effet, les ménages américains sont confrontés à une baisse de leur patrimoine financier investi en actions, ce qui réduit la valeur de leur patrimoine global constitué du patrimoine financier et immobilier. Cette baisse de la richesse des ménages américains aura une incidence sur leur comportement de consommation : se sentant moins riches ils seront, d'une part incités à reconstituer une partie de leur richesse perdue par un effort d'épargne supplémentaire et d'autre part, ils seront moins enclins à recourir à la dette pour financer leur consommation. La conséquence d'un effet richesse négatif est donc une baisse de la consommation des ménages. Cette baisse, si elle est suffisamment significative, peut entraîner un ralentissement économique marqué et une hausse du niveau de chômage. La Fed tentera par tous les moyens de prévenir cet enchainement funeste : éclatement d'une bulle financière, effet richesse négatif, baisse de la consommation des ménages, chute du PIB, hausse du chômage. La banque centrale américaine baissera ses taux de manière très agressive pour tenter de stimuler la création de crédit et de relancer l'activité économique.

La banque centrale européenne estime au contraire que la croissance de la masse monétaire peut devenir excessive et entraîner une croissance de l'endettement dangereuse pour la stabilité de l'économie à moyen terme. Une création monétaire excessive, accompagnée d'une progression marquée de l'endettement, peut non seulement conduire à une accélération du taux d'inflation, mais aussi enclencher une hausse du prix des actifs. Une politique monétaire trop accommodante peut ainsi alimenter la formation de bulles spéculatives. Ces dernières distordent de manière significative le fonctionnement d'une économie de marché en entraînant une mauvaise allocation des ressources et notamment du capital. Trop de capital sera ainsi investi dans ces bulles sur la foi de valorisation en total décalage avec les fondamentaux économiques.

En résumé, la Fed déploie des politiques monétaires très accommodantes et n'hésite pas à lutter contre les processus de baisse de prix des actifs qui accompagnent l'éclatement d'une bulle spéculative alors que la BCE est beaucoup plus sensible aux dangers que revêt une politique monétaire trop expansionniste tant en termes de risque d'inflation que de risque de bulle spéculative.

2 – 2 Avons-nous réellement besoin d'une banque centrale ?

Si les marchés financiers sont véritablement efficients, avons-nous réellement besoin d'une banque centrale ? Après tout, pourquoi confier à une institution publique, une banque centrale, le soin de fixer les taux d'intérêt ? Les taux d'intérêt ne devraient-ils pas être déterminés par les marchés de capitaux ?

Le comportement des banques centrales aujourd'hui relève de l'économie administrée. Elles pratiquent pour les taux d'intérêt un véritable « contrôle des prix ». En lieu du libre jeu des marchés, c'est à un aréopage de hauts fonctionnaires que revient la lourde responsabilité de fixer le niveau des taux d'intérêt. Les économistes qui officient au sein des banques centrales se réfèrent pourtant souvent à l'efficience des marchés : les réformes qu'ils conseillent aux gouvernements ont pour ambition de rendre les marchés des biens et services, des capitaux et des services financiers plus efficients en éliminant les entraves réglementaires et les distorsions de concurrence, sources d'inefficacité économique. Pourtant, au sein des banques centrales, ils se comportent comme les planificateurs de feu le Gosplan soviétique, ils fixent des prix, en l'occurrence des taux d'intérêt de manière totalement discrétionnaire et bureaucratique !

Si les marchés financiers sont inefficients, s'ils sont soumis à des processus déstabilisateurs significatifs susceptibles de dégénérer en crise financière et par voie de conséquence en crise économique, les banques centrales ont sans doute un rôle clé à jouer. Dans ce cas, leur rôle sera de tenter de stabiliser une économie irriguée par des marchés financiers en proie à l'instabilité.

2 – 3 Efficience des marchés et marche au hasard

Nous avons montré précédemment que l'efficience des marchés supposait qu'à tout moment, le prix d'un actif reflète sa valeur fondamentale. Il ne peut donc y avoir de décalage entre le prix d'un actif fixé par le marché et la valeur fondamentale de cet actif. L'existence de bulles spéculatives n'est donc pas compatible avec l'efficience des marchés.

Penchons-nous désormais sur la manière dont la théorie des marchés efficients envisage l'évolution des prix d'un actif, par exemple une action. Si les marchés sont efficients, alors le prix d'une action est nécessairement correct, le meilleur reflet possible de sa valeur fondamentale. Supposons qu'il soit possible de prédire l'évolution du prix de l'action. Dans ce cas, il serait possible de réaliser un profit sur la base de cette anticipation. En effet, si nous sommes en mesure d'anticiper l'évolution du cours d'une action et qu'en l'occurrence nous anticipons que le cours va augmenter de 25% sur les deux prochains mois, nous allons faire un gain en achetant le titre aujourd'hui afin de le revendre plus cher dans deux mois. Mais s'il était véritablement possible de faire un profit en achetant et en vendant des titres financiers, cela signifierait que le prix des actifs financiers est faux en ce sens qu'il ne reflète pas correctement toute l'information disponible et notamment les anticipations formulées par les investisseurs. En conséquence, selon la théorie des marchés efficients, l'évolution des prix des actifs n'est pas prévisible. Ainsi, selon cette théorie, puisque nous ne pouvons prévoir de manière fiable l'évolution du prix des actifs, la probabilité d'une hausse de prix est équivalente à la probabilité d'une baisse. Et puisqu'il n'y a que deux directions possibles concernant l'évolution des prix, à savoir à la hausse ou à la baisse, il y a 50% de chance que le prix augmente et 50% de chance que le prix baisse. Ainsi, à un instant t, l'évolution du prix futur a autant de chance d'être une hausse qu'une baisse. Par ailleurs, selon la théorie des marchés efficients, non seulement la probabilité d'une hausse du prix d'un actif est égale à la probabilité d'une baisse, mais l'amplitude de la hausse est égale à l'amplitude de la baisse.

Ainsi, l'évolution des prix des actifs peut être modélisée comme un jeu de pile ou face : il y a autant de chance que le prix futur soit orienté à la hausse (pile) qu'à la baisse (face). Les prix des actifs financiers évolueraient ainsi à l'image d'une marche au hasard dans laquelle il y a autant de chance d'aller vers le haut (hausse de prix) que vers le bas (baisse des prix). Si tel est le cas, il est possible de postuler que l'ensemble des mouvements de prix soit symétrique : il y a autant de hausses que de baisses et l'amplitude des hausses de prix est égale à l'amplitude des baisses de prix. Ces mouvements de prix s'insèrent donc dans le schéma bien commode de la distribution gaussienne des probabilités, c'est-à-dire la loi normale.

Le postulat selon lequel l'évolution des prix des actifs suit une loi normale facilite la modélisation du fonctionnement des marchés. Lorsque l'on utilise une distribution normale, nous n'avons besoin de connaître que la moyenne et l'écart-type pour anticiper la distribution des probabilités des rendements futurs des actifs. Plus les rendements futurs sont éloignés du rendement moyen, plus leur probabilité d'apparition est faible. Avec la loi normale, il devient possible de quantifier la probabilité des événements futurs. On ne peut pas prédire l'avenir, anticiper ce que sera le rendement futur d'un actif mais on peut anticiper la distribution des rendements futurs possibles. Cette distribution permet d'identifier les rendements les plus probables, c'est-à-dire ceux qui ont le plus de chance de se concrétiser, des rendements les moins probables, à savoir les rendements les moins susceptibles de se manifester. Dans une distribution relevant de la loi normale, les rendements les moins probables correspondent à des rendements extrêmes, c'est-à-dire des rendements très éloignés du rendement moyen, soit parce qu'il s'agit de rendements exceptionnellement élevés ou au contraire très faibles. Pour chaque classe d'actif, il devient possible d'identifier la distribution des rendements et d'en déduire, en utilisant la loi normale, la distribution des rendements futurs possibles. Certains actifs se caractérisent par un écart-type faible, ce qui signifie que les rendements exceptionnellement élevés ou exceptionnellement faibles sont non seulement très peu probables mais finalement assez peu éloignés du rendement moyen.

Ces actifs sont considérés comme peu risqués car ils génèrent des rendements très proches du rendement moyen. D'autres actifs plus risqués sont définis par un écart-type très important. Dans ce cas, les rendements exceptionnels sont un peu plus fréquents et plus éloignés du rendement moyen. Ainsi, des investisseurs enclins à prendre plus de risque seront tentés par la seconde catégorie d'actifs alors que les investisseurs les plus prudents privilégieront la première catégorie.

2 – 4 L'efficience des marchés à l'épreuve des faits

L'architecture conceptuelle sous-jacente à la théorie de l'efficience des marchés est des plus séduisantes : la rigueur du formalisme mathématique de la théorie des probabilités permettrait donc de domestiquer le hasard, de le cerner entre quelques équations aussi élégantes que précises. Mais qu'en est-il des faits ? La théorie des marchés efficients est-elle en mesure de rendre compte du fonctionnement des marchés financiers tels qu'ils sont ?

De nombreuses études empiriques ont été entreprises afin de déterminer si les marchés de capitaux se conformaient à la théorie de l'efficience des marchés. La méthodologie utilisée consiste à observer sur une période plus ou moins longue, généralement de plusieurs années, la distribution des rendements pour une classe d'actif donné (les actions par exemple) et comparer cette distribution à celle qui avait été anticipée par le modèle de la loi normale pour cette même classe d'actif. De nombreux tests ont été réalisés pour vérifier si les rendements des actifs financiers suivent une distribution statistique correspondant à la loi normale. Les résultats infirment la théorie de l'efficience des marchés financiers sur ce point précis. On observe en effet que les rendements extrêmes sont beaucoup plus fréquents que ce que la loi normale n'indique. La probabilité de réaliser une perte très élevée pour un actif quelconque, c'est-à-dire une perte très inférieure au rendement moyen de l'actif, est donc beaucoup plus importante que celle mise en avant par le modèle de la loi normale. Par ailleurs, les rendements des actifs financiers ne suivent pas une « marche au hasard ». Les tests économétriques les plus récents montrent en effet une dépendance temporelle des rendements (Mandelbrot, 2008).

Les faillites de Bear Sterns et de Northern Rock sont des témoignages récents qui infirment la théorie de l'efficience des marchés financiers de manière spectaculaire. Cependant, l'histoire du fonds spéculatif Long Term Capital Management (LTCM) est encore plus édifiante. Ce hedge-fund était géré par quelques-uns des financiers les plus brillants de la planète, dont deux prix Nobel d'économie : Myron Scholes et Robert Merton qui ont d'ailleurs contribué à développer la théorie de l'efficience des marchés financiers. Il est paradoxal que ces économistes se soient évertués au sein de ce fonds spéculatif à anticiper l'évolution des prix des actifs financiers alors qu'ils sont censés suivre une marche au hasard, c'est-à-dire être imprévisibles !

LTCM a contredit la théorie de l'efficience des marchés financiers de deux manières différentes. Tout d'abord, en réalisant des gains très spectaculaires permettant à ce fonds de multiplier par quatre la valeur de ses actifs sous gestion sur une période d'un peu plus de trois ans (1994-1997). Durant ces trois années glorieuses, LTCM a constamment battu le marché en termes de rendements[1]. Or, selon la théorie de l'efficience des marchés financiers,

---

[1] L'expression « battre le marché » signifie que l'on génère des rendements supérieurs à ceux réalisés sur les grands indices boursiers pour le cas des marchés actions. Dans le cas des marchés français, il s'agit donc de battre le CAC 40 de manière systématique sur une période de plusieurs années consécutives.

il n'est pas possible de battre le marché de manière durable !

Et puis, en l'espace de quelques semaines seulement, tout cet édifice s'est effondré. Les pertes encaissées par LTCM ont dépassé tous les gains accumulés durant les années précédentes. Ces pertes furent la conséquence de mouvements de marché d'une telle ampleur qu'ils n'auraient jamais dû se produire selon la théorie des marchés efficients ! De telles variations étaient inconcevables selon la loi normale puisque leurs probabilités d'apparition sont infinitésimales.

Le plus surprenant, c'est qu'en dépit de cet échec spectaculaire et des nombreuses invalidations empiriques, l'efficience des marchés financiers en tant que principe fondamental de la finance théorique moderne n'a pas été remise en question.

2 – 5 Les marchés financiers ne sont pas efficients

En résumé, prétendre que les marchés financiers sont efficients revient à considérer que les propositions suivantes sont vraies :

1- Les bulles financières n'existent pas, les prix des actifs financiers sont toujours le meilleur reflet de leur valeur fondamentale

2- Les marchés convergent spontanément vers une situation d'équilibre

3- Cet équilibre est stable et représente une situation optimale sur le plan économique

4- L'évolution du prix d'*un* actif financier en particulier n'est pas prévisible

5- En revanche, la distribution de l'évolution des prix des actifs financiers est prévisible et correspond à une loi normale

Les faits contredisent ces différentes propositions. Les bulles spéculatives sont des réalités économiques incontestables et récurrentes. Ainsi, au cours des trente dernières années nous avons assisté à l'éclatement d'au moins trois bulles spéculatives : le krach de Wall-Street d'octobre 1987, l'éclatement de la bulle Internet en mars 2000 et l'effondrement du marché des dérivés de crédits lui-même lié à la chute du marché de l'immobilier américain[2]. Nous reviendrons plus loin sur les facteurs permettant d'expliquer la dynamique des bulles spéculatives. Cependant, force est de constater que les bulles financières existent bel et bien !

Personne n'a encore été en mesure d'observer un marché en situation d'équilibre. Les marchés sont toujours à la recherche d'un équilibre qu'il est impossible d'atteindre, étant donné les nombreux facteurs de changement qui affectent tant la fonction d'offre (apparition et disparition de concurrents, innovations technologiques, évolutions réglementaires, etc.) que la fonction de demande (changements des préférences des consommateurs, évolutions démographiques, etc.). L'équilibre d'un marché est davantage un concept permettant d'analyser le fonctionnement des marchés tels qu'ils sont qu'une manifestation observable. La question essentielle est de savoir si les marchés tendent spontanément vers une situation d'équilibre qui ne peut être atteinte ou si ou contraire ils s'en éloignent. Dans le premier cas, la dynamique des marchés va permettre une allocation des ressources optimales : le capital et le travail seront alloués là ou ils seront utilisés de la manière la plus productive.

---

[2] En l'occurrence, la bulle spéculative des dérivés de crédit a été alimentée par la bulle du marché de l'immobilier américain de 2002 à 2006. L'affaissement des valorisations de l'immobilier américain a été l'élément déclencheur de l'éclatement de la bulle des dérivés de crédit à l'origine de la crise financière de 2008.

Dans le second, le libre fonctionnement des marchés ne permettra pas de garantir une allocation des ressources optimales. Si les marchés s'éloignent spontanément de l'équilibre, les ressources, telles que le capital et le travail, ne seront pas allouées de manière optimale parce que les prix formés sur ces marchés ne donnent pas de bons signaux aux investisseurs et aux entrepreneurs. Trop de capital et de travail seront alloués à certains secteurs dont la rentabilité se révélera insuffisante. Cette mauvaise allocation des ressources nuira au bon fonctionnement de l'économie en entrainant des crises. Celles-ci se déclencheront lorsque les investisseurs et entrepreneurs découvriront que les secteurs dans lesquels ils ont investi ne génèrent pas les rendements attendus.

Les deux dernières propositions mettent en avant le fait que le prix attendu d'*un* actif financier donné est imprévisible alors que la distribution de l'évolution des prix des actifs financiers est *elle* prévisible et correspond à une loi normale.

S'il est vrai qu'il n'est pas possible de prévoir parfaitement l'évolution du prix d'un actif financier, il n'en demeure pas moins que des techniques plus ou moins sophistiquées ont été développées par les investisseurs pour tenter d'anticiper l'évolution du cours des actifs financiers. L'analyse chartiste, parfois qualifiée d'analyse technique par exemple, consiste à analyser les graphiques représentant l'évolution des prix passés des actifs financiers et des devises et d'en déduire le prix futur. Cette technique, très utilisée par les investisseurs et tout particulièrement sur le marché des devises, est en totale contradiction avec la théorie des marchés efficients. En effet, l'analyse technique suppose qu'une partie de l'information décelée dans les graphiques des cours ne soit pas prise en compte par le cours d'aujourd'hui et qu'ainsi, sur la foi de cette information non intégrée dans les cours, il soit possible d'anticiper l'évolution des prix des titres. Selon la théorie de l'efficience des marchés financiers, l'information relative à l'historique des cours est déjà intégrée dans le prix de l'actif et ne peut donc être utilisée avec profit pour anticiper l'évolution d'un cours. Or, force est de constater que cette pratique est généralisée sur les marchés financiers, et notamment lorsqu'il s'agit d'anticiper l'évolution des cours à court terme. Par ailleurs, de nombreux opérateurs réussissent à investir avec succès en utilisant l'analyse chartiste en totale contradiction avec la théorie de l'efficience des marchés.

En outre, la distribution de l'évolution des prix des actifs financiers ne correspond pas à une loi normale. L'analyse des faits montre que, contrairement à la parfaite symétrie de la loi normale autour de la moyenne, la distribution des rendements des titres financiers est asymétrique. En effet, les rendements supérieurs à la moyenne (rendement attendu) sont plus fréquents que les rendements inférieurs à la moyenne. Par ailleurs, la distribution des rendements extrêmes, qu'ils soient positifs (largement supérieurs à la moyenne) ou négatifs (très inférieurs à la moyenne) est beaucoup plus fréquente que dans une loi normale : la probabilité de subir une perte très lourde (ou de réaliser un gain très important) est donc beaucoup plus élevée que ce nous indique une distribution relevant de la courbe de Gauss.

Ainsi, puisque la théorie de l'efficience des marchés financiers est infirmée par les faits, elle devrait être sérieusement remaniée à minima, voire abandonnée pour une théorie mieux à même de rendre compte des faits.

3 – Deux alternatives théoriques à l'efficience des marchés financiers

Puisque les marchés financiers ne sont pas efficients, à quelle vision théorique devons-nous nous raccrocher afin de comprendre leur fonctionnement ?

La vision de Keynes et de Minsky met en avant des marchés de capitaux instables par nature. Cette instabilité est accrue par le recours à un endettement massif. Elle peut dès lors déboucher sur une crise financière. L'instabilité intrinsèque des marchés financiers doit donc être régulée par une force stabilisatrice : la banque centrale.

L'école autrichienne d'économie estime au contraire que le fonctionnement des marchés, pourvu qu'ils ne soient pas entravés par une réglementation étouffante, tend vers une situation d'équilibre garantissant l'allocation optimale des ressources. Les marchés ne *sont* pas efficients mais le *deviennent* sous l'effet d'un processus concurrentiel dans lequel les entrepreneurs jouent un rôle critique. Ces derniers, en découvrant des opportunités de profit, innovent et contribuent à rendre les marchés plus efficients. Ce processus de découverte des opportunités de profit repose notamment sur les prix fixés sur les marchés. Ainsi, puisque le libre jeu de la concurrence améliore le fonctionnement des marchés, y compris les marchés de capitaux, il n'y a sans doute pas de place pour une banque centrale telle que nous la connaissons. Pourquoi confier à une institution bureaucratique jouissant d'un monopole sur la production de monnaie le soin de fixer les taux d'intérêt plutôt qu'aux marchés des capitaux ? Celle-ci n'est-elle pas au contraire un instrument de déstabilisation des marchés financiers ? En fixant de manière artificielle le niveau des taux d'intérêt, les banques centrales ne donnent-elles pas de faux signaux aux investisseurs ?

3 - 1 La vision de Keynes et de Minsky

Comment donc sortir de l'ornière théorique dans laquelle nous nous trouvons ? Nous sommes en effet confrontés à une théorie de l'efficience des marchés infirmée par les faits mais toujours utilisée, voire révérée par de nombreux économistes.

Les travaux de Keynes (1964) représentent une vision alternative du fonctionnement de l'économie. Ils rejettent l'idée selon laquelle le fonctionnement des marchés conduirait spontanément à une situation d'équilibre optimale. Par ailleurs, le fonctionnement des marchés financiers y est décrié. D'une part, ils ne convergeraient pas nécessairement vers une position d'équilibre stable. D'autre part, l'instabilité des marchés de capitaux est en partie liée au caractère « cognitif » de leur fonctionnement. En effet, les prix sont fixés sur les marchés financiers en fonction d'une logique d'opinion qui favorise la spéculation. Il importe moins de déterminer la valeur d'une action cotée sur les marchés boursiers, la banque Société Générale par exemple, en s'appuyant sur des éléments fondamentaux tels que le chiffre d'affaires, la marge brute, le taux d'endettement, etc., que de tenter d'anticiper l'opinion dominante des investisseurs. Si l'opinion dominante des investisseurs anticipe une hausse du cours de l'action Société Générale, celle-ci va effectivement s'apprécier : les investisseurs vont acheter des titres de cette banque *parce qu'ils* anticipent la hausse de ces titres. Ce faisant, il y aura plus d'ordres d'achat sur les titres de la Société Générale que d'ordres de vente, ce qui entraînera une hausse du cours de ce grand groupe bancaire français. C'est parce que la hausse est anticipée qu'elle se réalise ! Les économistes qualifient ce phénomène de prophétie auto réalisatrice : l'anticipation de la hausse (baisse) du cours d'un titre financier, si elle est partagée par une grande majorité d'investisseurs, aboutira bel et bien à une hausse du cours. Les travaux d'André Orléans ont parfaitement mis en lumière le caractère cognitif des marchés et l'importance des opinions dominantes, le fameux consensus de marché, dans la formation des prix. Les prix tels qu'ils sont déterminés par les marchés reflètent l'opinion dominante des investisseurs. Ainsi, un investisseur choisira les titres dans lesquels il investira, davantage en fonction de l'anticipation de l'opinion dominante de la communauté des investisseurs, le consensus de marché, que des éléments fondamentaux (informations relatives au données financières et macroéconomiques susceptibles d'avoir un impact sur la valorisation des titres financiers).

Le fonctionnement cognitif des marchés permet d'expliquer que les valorisations établies sur les marchés de capitaux peuvent s'éloigner des valeurs fondamentales et ce de manière durable. Les travaux de Minsky sur l'instabilité des marchés financiers renforcent cet argument. Minsky montre en effet que la fonction de demande sur les marchés de capitaux ne fonctionne pas comme une fonction de demande normale pour laquelle la demande augmente lorsque le prix baisse et inversement. Au contraire, la demande pour les actifs financiers tend à s'accroitre lorsque le prix augmente. Si une classe d'actifs, par exemple les actions, prend de la valeur sur une période de plusieurs mois, cela incitera de nombreux investisseurs à se porter acquéreurs d'actions afin de ne pas rater le train de la hausse. Pour les gérants de portefeuille investi en titres financiers, l'incitation est encore plus forte puisque leur rémunération et la stabilité de leur emploi dépendent de la performance de leur gestion. Or, cette performance est évaluée sur des périodes relativement courtes, au maximum une année. Ainsi, dès qu'une classe d'actifs se valorise, qu'il s'agisse d'actions, d'obligations, de produits dérivés, etc., les gérants de portefeuilles seront amenés à investir dans les marchés qui se valorisent le plus. S'ils ne le font pas, ils passeront à côté de la hausse des cours, et les performances de leur portefeuille s'en ressentiront. Supposons que le consensus de marché estime que les marchés actions vont progresser de 7% par an sur les trois prochaines années. Supposons également que cette hausse n'est pas justifiée par des éléments fondamentaux et qu'elle relève davantage d'une prophétie auto réalisatrice. Dans ce cas, même si de nombreux professionnels de la gestion de portefeuille sont convaincus que cette hausse des cours des actions est spéculative, ils investiront tout de même dans cette classe d'actifs afin de bénéficier de la hausse attendue. Si une gérante de portefeuilles décidait de ne pas investir dans le marché des actions parce qu'elle estime que la hausse n'est pas justifiée par des facteurs fondamentaux et qu'elle est donc purement spéculative, cette professionnelle de la finance formulerait une analyse parfaitement juste et lucide mais commenterait également une erreur de gestion. En effet, son portefeuille de titres ne bénéficierait pas de la hausse spéculative du marché des actions et dégagerait ainsi des performances inférieures aux portefeuilles gérés par des investisseurs ayant massivement investi dans cette classe d'actifs. Si l'écart de performance s'avérait trop important, notre gérante subirait une double peine : en plus d'une rémunération orientée à la baisse par rapport à ses concurrents, elle perdrait son emploi !

La concurrence très forte entre les gérants de portefeuille renforcera l'incitation à investir dans une classe d'actifs dont la valorisation est spéculative mais garante de performances élevées.

La demande sur les marchés de capitaux est donc une fonction croissante du prix à l'inverse de ce que l'on observe sur la plupart des marchés de biens et services.

Minsky montre également que l'instabilité des marchés financiers est accentuée par la capacité des acteurs de la finance (fonds d'investissement, banques, compagnies d'assurance, etc.) à s'endetter pour prendre des positions sur les marchés. L'effet de levier (utilisation de l'endettement) permet d'investir des sommes beaucoup plus importantes afin de maximiser les gains lorsque les investissements se révèlent pertinents. Bien entendu, l'effet de levier est aussi un terrifiant multiplicateur de pertes dans le cas contraire. La capacité à lever de la dette pour investir des sommes plus importantes accentue dès lors le caractère instable des marchés. Pour s'en convaincre, prenons un exemple simple. Les marchés actions sont en pleine effervescence depuis près de deux ans, étant donné la très forte progression des cours observée durant cette période. Le consensus de marché qui se dégage est très positif quant à l'évolution du marché : les investisseurs s'attendent à ce que les cours continuent à progresser de manière significative sur les deux à trois prochaines années. De nombreux gérants de portefeuille et investisseurs institutionnels, alléchés par des perspectives de gains importantes, vont donc investir de manière massive sur les marchés actions. Afin de maximiser leurs gains, ils recourront à l'effet de levier. Plutôt que d'investir les seuls fonds propres, il s'agira de miser sur les marchés actions les fonds propres augmentés de fonds empruntés. Par exemple, investir 25 millions d'euros de fonds propres et 625 millions d'euros de dette pour un montant total de 650 millions d'euros. Dans ce cas, l'effet de levier est de 25 puisque la dette représente 25 fois les fonds propres. Il convient de souligner que le coût de la dette est généralement inférieur au coût de la dette sur les marchés de capitaux. Il sera donc plus rentable d'investir un utilisant davantage de dette que de fonds propre. Cette pratique est d'autant plus rémunératrice que le coût du recours à l'endettement est faible. Si la position prise sur les marchés est gagnante, la profitabilité de l'investissement sera ainsi beaucoup plus élevée lorsque l'on investit 650 millions d'euros essentiellement financés par endettement que lorsque l'on mise 25 millions d'euros de fonds propres dont le coût est très élevé !

Le recours généralisé à l'effet de levier va ainsi entraîner un afflux de liquidités très important sur les marchés actions, ce qui va accentuer la hausse des cours. De nombreux gérants et fonds d'investissement utiliseront l'effet de levier pour investir des sommes plus importantes sur des marchés qu'ils anticipent comme haussier. Ce faisant, en déversant massivement des liquidités sur ces marchés, ces professionnels de la finance contribueront à renforcer le caractère haussier des marchés actions, ce qui conduira à la création d'une bulle spéculative.

L'hypothèse d'instabilité des marchés financiers développée par Minsky met en avant le caractère déstabilisateur de l'endettement sur le fonctionnement des marchés financiers. Selon cet économiste américain, l'impact déstabilisateur de l'endettement est fonction de l'ampleur du risque pris par les emprunteurs. Il distingue en effet trois types de financement par endettement : le financement couvert (hedge finance), le financement spéculatif (speculative finance) et le financement à la Ponzi (Ponzi finance), et analyse leur impact déstabilisateur sur le fonctionnement des marchés de capitaux. Ces trois types de financement se distinguent par la manière dont les revenus générés par l'activité économique (revenus liés à la production, revenus liés au trading de titres financiers) vont couvrir les charges financières liées à la dette.

Le financement couvert

Le financement couvert repose sur le principe selon lequel les cash-flows de l'activité économique sont plus que suffisants pour honorer les engagements financiers liés à la dette sur toute la durée du financement. Le financement couvert autorise donc un niveau d'endettement limité qui, nous le verrons, est incompatible avec de nombreuses pratiques d'investissement dans le monde de la finance.

Le financement spéculatif

Dans le cadre d'un financement spéculatif, les cash-flows de l'activité économique sont inférieurs aux engagements financiers liés à la dette, tout particulièrement dans les dernières années de remboursement. En fait, si l'on distingue dans un contrat de dette classique le remboursement des intérêts de la dette du remboursement du principal, c'est-à-dire le capital emprunté, les cash-flows sont suffisants pour faire face au remboursement des intérêts de la dette sur la totalité de la durée du contrat. Le financement spéculatif peut être utilisé lorsque le remboursement du capital se fait à échéance. Les cash-flows doivent simplement permettre de rembourser les intérêts de la dette. Pour que l'opération puisse réussir, il devient dès lors indispensable de refinancer le capital emprunté lorsqu'il arrive à échéance. En d'autres termes, il faut emprunter la somme correspondant au principal lorsqu'il faut le rembourser.

Un financement spéculatif se caractérise donc par le fait que les cash-flows à proximité de l'échéance du contrat[3] sont inférieurs aux charges financières de la dette. Les banques commerciales que nous côtoyons chaque jour

---

[3] Dans un contrat d'endettement qui distingue le paiement des intérêts du paiement du capital, il est possible de faire en sorte que le remboursement du capital se réalise en fin de période voire à la dernière période en une seule échéance.

recourent à ce type de financement. Elles financent en effet des positions de long terme (prêts aux entreprises et particuliers très peu liquides) avec de la dette dont la maturité est de court terme.

Le financement à la Ponzi

Le financement à la Ponzi est similaire au financement spéculatif en ce sens que les charges de la dette sont supérieures au revenu dégagé par l'activité économique régulière. Cependant, au moins pour les périodes à proximité de l'échéance du contrat de dette, les cash-flows sont inférieurs aux intérêts de la dette. Il faut donc refinancer la dette avant l'échéance pour un montant qui excède le capital emprunté initialement. Ce faisant, la dette totale augmente de manière inexorable sauf si des revenus exceptionnels liés à la vente d'actifs permettent de solder la dette initiale.

Dans un processus de financement à la Ponzi, le paiement de la dette ne peut être réglé que de deux manières : soit par un refinancement de la dette qui alourdira la dette totale de l'emprunteur puisque les revenus sont inférieurs aux intérêts d'emprunt, soit par la vente de certains actifs.

Alors que le financement couvert ne peut être fragilisé que si les revenus de l'activité économique se révèlent inférieurs aux prévisions, les financements spéculatifs et à la Ponzi sont quant à eux sensibles à l'évolution de la situation sur les marchés de capitaux. En effet, une brusque remontée des taux d'intérêt peut faire basculer un financement spéculatif vers un financement à la Ponzi et un financement à la Ponzi vers une faillite. Inversement, si les taux d'intérêt baissent, certains financements à la Ponzi peuvent se transformer en financement spéculatif étant donné des conditions de refinancement bien meilleures. La baisse des taux va ainsi réduire dans un premier temps le niveau de risque, quel que soit le type de financement. En revanche, la baisse du coût du financement incitera les investisseurs à prendre plus de risque, c'est-à-dire à recourir à des structures de financement plus risquées comme le financement spéculatif et le financement à la Ponzi. Ainsi, l'effet d'une baisse des taux réduit le niveau de risque à court terme mais enclenche une dynamique de prise de risque, si bien qu'à long terme le niveau de risque global peut atteindre un niveau déstabilisateur. Ce qui s'apparentait à un processus de prise de risque sous contrôle en période de taux limité se transformera, à l'occasion d'une remontée des taux d'intérêt, en une série de défaillances financières dans le meilleur des cas et dans le pire en une crise systémique majeure.

La proportion de ces trois types de financement dans une économie est un déterminant majeur de l'instabilité financière. Plus les investisseurs recourent au financement spéculatif et au financement à la Ponzi, plus le système financier est instable. En effet, une remontée des taux d'intérêt fragiliserait de manière notable ces deux types de financement jusqu'à entraîner une vague de faillites à même de créer une crise financière de nature systémique.

Comme l'a remarqué Minsky, les opérations financières qui reposent sur la perspective d'une plus-value importante sont le plus souvent associées aux financements les plus risqués. Les investisseurs seront d'autant plus enclins à prendre de plus en plus de risque quant au mode de financement de leurs opérations, passer du spéculatif au Ponzi, que l'environnement financier est porteur et baigne dans un climat d'optimisme voire d'euphorie. Les bulles spéculatives sont donc un environnement porteur pour les financements les plus risqués. A mesure que la bulle se développe, les investisseurs s'enhardissent et prennent de plus en plus de risques, tant sur les opérations financières que sur leur financement. Ainsi, la structure de financement des investissements se déforme de plus en plus en faveur du spéculatif et du Ponzi, fragilisant un système financier robuste au point de le rendre particulièrement instable. Ce processus de déstabilisation est donc fondamentalement déterminé par les anticipations de profit que formulent les investisseurs sur les marchés : plus celles-ci sont élevées, plus ils prennent de risque favorisant la déstabilisation du système financier.

Lorsque l'on approche de l'apogée d'une bulle spéculative, le système financier est extrêmement fragilisé car structuré autour de financements de plus en plus risqués de type spéculatif et Ponzi, avec des effets de levier de plus en plus conséquents. Les marchés de capitaux deviennent donc de plus en plus fragiles et sensibles à la moindre modification des conditions initiales comme les taux d'intérêt par exemple.

Il convient de remarquer que le recours à des modes de financement de plus en plus risqués contribue à la formation de la bulle spéculative. Le boom économique qui en résulte est donc fondamentalement lié au surcroit de dette qui est porté par les agents économiques. Il s'agit dès lors d'une croissance économique non soutenable, car reposant uniquement sur le recours de plus en plus massif à l'endettement et des perspectives de plus-values mirobolantes.

Une brusque remontée des taux d'intérêt fragilisera les modes de financement les plus risqués au point de provoquer de nombreux défauts de paiement. Ces faillites en cascade feront éclater la bulle spéculative et amèneront les investisseurs à vendre pour liquider leurs positions et solder ce qui peut l'être. Ce mouvement de ventes massives amplifiera la baisse des valorisations qui seront ramenées à des niveaux davantage compatibles avec les valeurs fondamentales. L'ampleur des défauts de paiement et des faillites qui accompagnera ce mouvement de reflux des valorisations des actifs enclenchera un ralentissement économique plus ou moins violent.

C'est donc une crise financière, conséquence de l'instabilité des marchés de capitaux, qui enclenchera une crise économique. Si l'on observe les dernières bulles spéculatives qui ont éclaté au cours des trente dernières années aux Etats-Unis par exemple, on remarque que l'intensité de crises économiques induites par ces phases de spéculation n'est pas de la même intensité. Ainsi le krach des marchés boursiers de 1987, au final, n'a pas entrainé qu'un ralentissement modéré de l'activité économique aux Etats-Unis. La crise économique provoquée par l'éclatement de la bulle Internet au début 2000 a en revanche entrainé une chute de l'activité économique beaucoup plus marquée. L'économie américaine est en effet entrée en récession dès la fin 2000 pour s'y maintenir jusqu'au troisième trimestre 2001. Cette récession a été relativement modeste au regard de la grande récession de 2008. L'éclatement de la bulle immobilière qui s'est constituée durant la décennie 2000 a provoqué un effondrement des valorisations des dérivés de crédit dans lesquels les banques, compagnies d'assurance et fonds d'investissement avaient investi des montants faramineux. Le bilan de ces investisseurs institutionnels s'en est trouvé considérablement dégradé au point d'amener le trésor américain et la Réserve Fédérale à intervenir sur des montants astronomiques afin d'éviter des faillites bancaires en cascade à même d'engendrer un cataclysme financier d'une ampleur inédite. Il n'en demeure pas moins que la crise financière de 2008 est à l'origine d'une récession de grande ampleur, la plus importante depuis la grande dépression qui a mis à genou l'économie américaine durant les années 1930.

Il apparaît que les bulles spéculatives s'enchaînent et que les dégâts économiques provoqués par leur éclatement s'amplifient de manière inquiétante. Qu'en sera-t-il lorsque la prochaine bulle spéculative éclatera ?

En résumé, une économie se fragilise lorsqu'un boom d'investissement financé par un recours massif à l'endettement se met en place. Les marchés de capitaux jouent sur ce plan un rôle fondamental : ils financent cette vague d'investissement en s'appuyant de plus en plus sur des financements spéculatifs et à la Ponzi. La montée en puissance de ces types de financement les plus risqués et reposant sur des niveaux d'endettement de plus en plus élevés contribue à déstabiliser le système financier, le rendant sensible à une modification des conditions initiales (remise en question des anticipations de plus-value, remontée des taux d'intérêt, etc.). Toutes les conditions requises à l'éclatement d'une crise financière sont ainsi réunies. Ainsi, selon l'analyse développée par Minsky, les marchés de capitaux recèlent en leur sein des forces déstabilisatrices qui peuvent dégénérer en une crise financière majeure.

3 - 2 La vision autrichienne des marchés

Selon les tenants de l'école autrichienne d'économie, fondée par des économistes comme Carl Menger, Joseph Schumpeter, Ludwig Von Mises et Friedrich Hayek, les marchés et notamment les marchés de capitaux *tendent* vers l'équilibre si le fonctionnement de ces derniers n'est pas entravé par des contraintes de nature réglementaire. Les économistes qui relèvent de cette école de pensée insistent sur la capacité des agents économiques à parvenir à leurs objectifs en recourant aux transactions marchandes. Le marché va en effet permettre aux agents économiques de coordonner leurs plans et leurs actions en équilibrant l'offre et la demande. Comment cette coordination est-elle rendue possible ? Le système de prix va jouer un rôle critique. L'un des rôles fondamentaux d'un marché est de fixer un prix reflétant l'état de l'offre et de la demande sur un marché donné. Le prix formé sur un marché est donc un signal, une information synthétisant le rapport offre - demande à un moment donné. Cette information va permettre aux agents économiques de coordonner leurs plans. Ainsi la hausse d'un prix sur un marché informe les producteurs que le bien qu'ils fabriquent est davantage rémunérateur. Ils seront donc incités à en produire davantage pour bénéficier d'une rémunération de leur activité plus importante. Les consommateurs seront enclins à réduire la consommation d'un bien qui est devenu plus onéreux. Ainsi, si le marché se trouvait en situation de déséquilibre, en l'occurrence une insuffisance de l'offre vis-à-vis de la demande, la hausse du prix va permettre d'enclencher un processus d'ajustement qui va progressivement rendre l'offre compatible avec la demande. Cet ajustement peut prendre du temps mais il permettra de manière spontanée de coordonner les plans des producteurs et des consommateurs. La vision autrichienne du processus de marché est en apparence très proche de la théorie de l'efficience des marchés que nous avons présentée. Les deux approches mettent en avant la capacité d'un marché qui fonctionne librement à rendre l'offre compatible avec la demande. La théorie autrichienne met l'accent sur la capacité des marchés à spontanément *découvrir* les prix qui permettent de rendre les objectifs des consommateurs et producteurs compatibles.

Cependant, alors que la plupart de économistes néoclassiques envisagent la concurrence comme une situation donnée caractérisant un marché, les économistes autrichiens la perçoivent comme une activité. Si la concurrence correspondait à une situation donnée, par exemple tel marché est très concurrentiel alors qu'un autre marché se caractérise par une concurrence très limitée, l'entrepreneur n'aurait aucun rôle à jouer. Puisque la concurrence est une activité et non un état de fait selon l'école autrichienne d'économie, l'entrepreneur joue un rôle critique en tant qu'agent du changement. En effet, l'entrepreneur est à l'affut des opportunités de profit dont il pourrait bénéficier. C'est en identifiant des sources de gains que personne d'autre n'a encore identifiées que l'entrepreneur peut réaliser un profit. Si un entrepreneur est le premier à percevoir que les consommateurs souhaitent désormais consommer des biens alimentaires dans des grandes surfaces pour bénéficier de prix réduits plutôt que de consommer ces denrées dans des épiceries de quartier, il pourra gagner beaucoup d'argent ! C'est ce que certains entrepreneurs ont observé dans les années 60 en révolutionnant la distribution agroalimentaire en France et aux Etats-Unis. Les familles Mulliez (Auchan) et Walton (Wal-Mart) ont parfaitement perçu les opportunités de profit que représentait la grande distribution à cette époque. D'autres entrepreneurs ont parfaitement compris la nécessité de proposer aux internautes un moteur de recherche puissant et efficace permettant de trier l'information de manière pertinente en fonction des mots-clés choisis. Sergey Brinn et Larry Page, les fondateurs de Google, ont engrangé un profit considérable grâce à cette découverte entrepreneuriale.

L'entrepreneur, en identifiant les opportunités de profit, non seulement s'enrichit, mais va permettre au système marché de devenir plus efficient en autorisant une allocation des ressources plus efficace. Selon l'école autrichienne d'économie, le processus de découverte entrepreneuriale garantit qu'un marché libre va évoluer vers une situation où les ressources seront utilisées de manière efficace. En outre, l'appât du gain pousse les entrepreneurs à innover afin d'améliorer le système productif existant afin d'en augmenter les capacités productives. Les insuffisances des situations de marché d'aujourd'hui représentent pour les entrepreneurs les opportunités de profit de demain. Ainsi, à la différence de l'analyse néo-classique de laquelle la théorie des marchés efficients est tirée, l'analyse autrichienne n'estime pas que les marchés soient parfaits et dénués d'imperfections. Les imperfections sont en fait des opportunités de profit pour les entrepreneurs les plus clairvoyants. En saisissant ces opportunités, ils contribueront à rendre les marchés plus efficients et à améliorer l'allocation des ressources. Comment les entrepreneurs s'y prennent-ils pour percevoir les opportunités de profit ? Ils sont attentifs au fonctionnement du marché, aux tendances qui s'y dessinent ainsi qu'au prix qui s'y forment. Par ailleurs, ils acceptent de prendre des risques en faisant un pari sur l'avenir. Si ce pari est gagnant, l'entrepreneur empochera un gain conséquent. Ainsi, le système de prix issu du processus de fonctionnement du marché est un outil d'apprentissage qui aide les entrepreneurs à découvrir des opportunités de profit. Ce processus de découverte entrepreneuriale par lequel les entrepreneurs identifient les opportunités de profit permet d'améliorer l'efficacité du marché. Cependant, il repose de manière critique sur les prix formés sur les marchés. Les prix sont des signaux permettant aux agents économiques de coordonner leurs actions tant en termes de consommation que d'investissement. Ce processus de coordination sera efficace si les prix issus des marchés sont des reflets pertinents de l'offre et de la demande. L'école autrichienne se fonde sur l'hypothèse selon laquelle des marchés libres sont en mesure, grâce au processus de découverte entrepreneuriale, de fixer des prix pertinents. Au contraire, si le fonctionnement des marchés est entravé par des réglementations excessives, les prix ne refléteront plus les conditions fondamentales et donneront ainsi de faux signaux aux agents économiques. Les décisions qu'ils prendront sur la base de ces faux signaux ne seront donc pas optimales.

Les marchés de capitaux ne sont pas différents des autres marchés et sont donc mus par les mêmes forces. La coordination des plans des agents économiques est facilitée par les prix fixés sur les marchés financiers. Le prix des actions, des obligations, des dérivés de crédit sont autant de signaux permettant aux investisseurs de prendre des décisions. Il est donc essentiel que les prix fixés sur les marchés de capitaux ne soient pas faussés par des interventions et réglementations ayant pour conséquence de contrarier la dynamique de l'offre et de la demande et d'enrayer le processus de découverte entrepreneuriale.

CHAPITRE 2

Politique monétaire, manipulation des taux d'intérêt et bulles financières

Durant ces trente dernières années, les crises financières ont été récurrentes et de plus en plus intenses. La crise financière la plus récente, qui a éclaté en 2008 avec la faillite de la banque d'investissement Lehman Brothers, a pris des proportions cataclysmiques en fragilisant le système financier tant aux Etats-Unis qu'en Europe. Il convient de relever que c'est la crise financière qui a provoqué le ralentissement économique que nous observons à travers le monde. Pour les Etats-Unis, épicentre de la crise financière, il s'agit de la crise économique la plus grave depuis les années trente. La « grande récession » a ainsi succédé à la « grande dépression ».

Le tableau en Europe n'est guère plus réjouissant, notamment pour la zone Euro. Les graves difficultés de financement des PIIGS (Portugal, Irlande, Italie, Grèce et Espagne - Spain -) ont révélé la fragilité de la zone Euro et ont plongé ces nations dans une récession d'une intensité inédite depuis près d'un demi-siècle. Les pays émergents, à l'instar de la Chine, de l'Inde et du Brésil, sont aujourd'hui rattrapés par ce ralentissement économique de grande ampleur. Le taux de croissance du Brésil est ainsi passé de plus de 6% par an à 2% en 2013 (rythme de croissance annualisée).

La crise financière de 2008 a donc été l'élément déclencheur d'un ralentissement économique d'une ampleur inédite. Comment dès lors rendre compte d'un tel cataclysme ? Qui doit-on blâmer : des marchés de capitaux mus par des forces déstabilisatrices ou des politiques monétaires qui à force d'être trop accommodantes en seraient devenues dangereuses ?

Nous avons montré au sein du précédent chapitre, en nous appuyant sur l'analyse développée par Minsky, que les marchés financiers ne se conformaient pas à l'hypothèse des marchés efficients pourtant au cœur de la finance moderne.

Nous souhaitons mettre en lumière au sein de ce chapitre le rôle que joue la politique monétaire décidée et mise en œuvre par une institution publique très singulière : la banque centrale.

Qu'il s'agisse des Etats-Unis, de la zone Euro, du Japon, de la Chine ou du Brésil, les banques centrales jouissent du monopole de la politique monétaire. Elles sont donc en mesure d'influencer le fonctionnement des marchés de capitaux en manipulant les taux d'intérêt.

Lorsqu'une banque centrale met en place une politique monétaire accommodante durant une période trop longue, c'est-à-dire une politique de taux d'intérêt très bas (aujourd'hui proche de 0%) dans le but avoué de « relancer » la croissance économique, ne risque-t-elle pas d'alimenter une bulle spéculative en facilitant l'accès au crédit bon marché ?

1 – Banque centrale et manipulation des taux d'intérêt

Nous considérons comme un fait d'évidence que la croissance économique ne se fait pas sans heurts, qu'elle est structurée autour d'une dynamique complexe associant des périodes d'expansion, parfois de grande ampleur, suivies de phases de ralentissement. La croissance n'est donc pas un processus linéaire mais cyclique. De nombreux travaux se sont évertués à comprendre l'origine de ces cycles : pour quelles raisons les périodes d'expansion économique se soldent-elles de manière quasi systématique par un ralentissement économique débouchant le plus souvent sur une récession (décroissance du PIB ou Produit Intérieur Brut[4]). Pour l'illustrer, nous allons nous arrêter un instant sur le dernier cycle économique observé aux Etats-Unis.

1 -1 Expansions et récessions

Le prix moyen de l'immobilier aux Etats-Unis a plus que triplé sur la période s'étendant de 1997 à 2007. Puis cette valorisation moyenne a chuté de plus d'un quart de 2008 à 2011, entraînant une explosion des défauts de paiement sur les crédits qui avaient été contractés pour financer des biens immobiliers de plus en plus chers. Le comportement des marchés actions sur la même période a suivi une trajectoire similaire. Le 9 octobre 2007, le Dow-Jones Industrial Average, l'indice phare des marchés boursiers américains, a atteint près de 15 000 points (14 164.53 points, record historique[5] pour le DJIA). Un an plus tard, ce même indice chutait de près de 50% !

Ces variations violentes des marchés immobiliers et actions américains ont engendré une crise économique de grande ampleur, la plus grave depuis la grande dépression. En septembre 2008, le taux de chômage américain s'établissait à 6,5% de la population active, il a augmenté de manière continue pour atteindre un pic de près de 11%

---

[4] Le produit intérieur brut est l'agrégat macroéconomique le plus communément utilisé pour mesurer la croissance économique. Lorsque le taux de croissance du PIB est positif, l'économie est en phase d'expansion. En revanche, un taux de croissance négatif du PIB caractérise une contraction de l'activité économique, c'est-à-dire une récession.

[5] Ce record a été battu à plusieurs reprises : en mars 2013 avec 14 253,77 points ; 2 août 2013 avec 15 658,36 points ; 16 532,61 points au premier avril 2014. La très impressionnante progression du DJA illustre l'impact de la politique ultra accommodante de la Fed.

en 2011 pour redescendre à 6,5% aujourd'hui (mars 2014). Si l'on tient compte des salariés à temps partiel qui recherchent un emploi à temps plein, le taux de sous-emploi s'est situé à un niveau alarmant d'environ 25% de la population active.

Il convient de relever que cette « grande récession » comme l'ont baptisée les Américains, est la conséquence de la crise financière. C'est donc l'instabilité des marchés financiers qui fut la cause fondamentale de l'une des crises économiques les plus sévères de ces 50 dernières années. Comment dès lors expliquer cet enchaînement funeste afin d'éviter qu'il ne se reproduise à l'avenir ?

Répondre à cette question consiste à comprendre la dynamique cyclique d'une économie de marché. Cette succession de phases d'expansion et de récession est-elle inévitable ? Quel est le facteur fondamental qui permet d'expliquer que l'expansion économique soit systématiquement suivie d'un ralentissement plus ou moins aigu ?

Est-ce que le système de marché est à l'origine de ce phénomène ou faut-il trouver un élément extérieur au libre jeu de la concurrence pour expliquer les cycles économiques ?

1 - 2 Une accumulation d'erreurs

La faillite d'une entreprise ne surprend personne. Les entrepreneurs et dirigeants d'entreprise ne sont pas infaillibles, ils font parfois de mauvaises prévisions au sujet du dynamisme de la demande. Ils ne calculent pas toujours au plus juste leurs coûts de production qui peuvent parfois être largement sous-estimés. Ils peuvent ne pas prévoir les évolutions des préférences des consommateurs ou sous-évaluer le montant des ressources financières nécessaires pour mener à leur terme des investissements ambitieux. La faillite d'une entreprise, l'échec d'un projet entrepreneurial sont la conséquence inévitable de notre incapacité, en tant qu'agent économique, à prévoir l'avenir avec certitude. Le caractère irréductible de l'incertitude rend tout projet entrepreneurial risqué.

Cependant, lorsqu'un très grand nombre d'entreprises, *en même temps*, connaissent des difficultés financières importantes les entrainant à la faillite, cela devrait nous surprendre bien davantage. Enregistrer des pertes au sein d'une entreprise en particulier est une chose tout à fait normale dans une économie de marché, conséquence de l'incapacité d'un entrepreneur à anticiper correctement les tenants et les aboutissants du marché sur lequel il opère. Le système de marché élimine régulièrement des entreprises dont le modèle économique n'est pas efficace. Il sanctionne les entrepreneurs et dirigeants qui n'ont pas su démontrer une réelle capacité à gérer des ressources rares comme le capital et le travail et à anticiper avec pertinence l'évolution des préférences des consommateurs. Les pertes financières ne sont dès lors que la facture à payer pour une entreprise mal gérée. Si les pertes s'amplifient, la firme fera faillite, libérant ainsi le capital et le travail qui n'avaient pas été utilisés à bon escient. Pourquoi les entreprises qui ont survécu au processus de sélection du marché se mettent-elles à commettre *le même* type d'erreur ? Pourquoi les firmes qui ont passé avec succès le test de la concurrence se fourvoient en *même temps* dans des investissements sans lendemain ? Pourquoi les dirigeants d'entreprise et les entrepreneurs se mettent *au même moment* à commettre des erreurs de gestion et d'investissement ? Ce que nous appelons une crise économique est la conséquence d'un véritable processus d'accumulation d'erreurs : des firmes dans des industries différentes se mettent simultanément à commettre le même type d'erreur dans la même direction, par exemple en surinvestissant dans les mêmes types de projet. L'exemple récent de la bulle Internet des années 1990 illustre parfaitement ce phénomène. Des dizaines de milliers d'investisseurs, d'entrepreneurs et de dirigeants ont fait les mêmes erreurs durant cette décennie. Cette accumulation d'erreurs a abouti à des faillites d'entreprises en cascade et à la ruine d'investisseurs pourtant chevronnés. Cette accumulation d'erreurs a ainsi entrainé l'économie américaine dans une récession au début des années 2000.

Par ailleurs, on remarque que les phases de récession sont beaucoup plus marquées dans les secteurs de biens d'équipement à l'instar des secteurs des matières premières, de la construction, etc. alors qu'elles le sont moins dans les secteurs de biens de consommation. En d'autres termes, la récession est plus intense dans les secteurs les plus éloignés des biens de consommation.

2 – Une explication théorique du cycle des affaires

L'économiste Friedrich Hayek, un des plus éminents représentants de l'école autrichienne d'économie, prix Nobel d'économie en 1974 pour ses travaux sur la théorie des variations cycliques de l'activité économique, nous offre une grille de lecture des plus pertinentes pour comprendre les cycles économiques et tout particulièrement la phase de récession engendrée par la crise de 2008. Les recherches menées par Hayek se fondent sur l'œuvre de Ludwig Von Mises, un autre illustre représentant de l'école autrichienne d'économie, et identifient les politiques monétaires expansionnistes comme la cause fondamentale du cycle des affaires, c'est-à-dire de l'enchainement d'une phase d'expansion économique et d'une phase de ralentissement allant jusqu'à la récession. La vision de Hayek apparaît comme surprenante car elle identifie les banquiers centraux, qui ont le monopole de la politique monétaire, comme les principaux fauteurs de troubles. En effet, les banques centrales se présentent comme des institutions publiques responsables ayant pour mission de préserver la stabilité économique et financière. Les banques centrales seraient-elles des pompiers pyromanes ?

Les banques centrales jouissent d'un pouvoir considérable en matière de politique monétaire puisqu'elles sont en mesure d'accroître ou de réduire la masse monétaire en circulation dans l'économie et ce faisant d'orienter à la baisse ou à la hausse le niveau des taux d'intérêt. Prendre en compte la variation de l'offre de monnaie est essentiel à la compréhension du cycle des affaires selon l'école autrichienne. Nous mettons ici l'accent sur la manipulation des taux d'intérêt par la banque centrale. Mais au fait que sont donc les taux d'intérêt[6] ? Ils représentent le prix du service qui consiste à emprunter de l'argent. Certains agents économiques souhaitent emprunter des capitaux pour financer des investissements productifs ou la consommation. D'autres agents économiques désirent au contraire prêter une partie de leurs ressources financières non consommées, c'est-à-dire épargnées. Le prix de ce service est mesuré par les taux d'intérêt[7]. Lorsque l'on place de l'argent dans un compte épargne où que l'on achète une obligation, nous prêtons de l'argent. Les taux d'intérêt perçus par le prêteur rémunèrent ce service de prêt.

[6] Nous utilisons l'expression taux d'intérêt au pluriel car il existe plusieurs taux. La banque centrale contrôle les taux à court terme (taux auquel les banques se refinancent auprès de la banque centrale) mais influe de manière décisive sur l'ensemble des taux d'intérêt de plus long terme. Les politiques de « Quantitative Easing » ou relâchement quantitatif illustrent l'influence de la banque centrale sur les taux longs.

[7] Les taux d'intérêt de long terme mesurent ainsi le prix du service consistant à prêter – emprunter du capital sur une longue période (maturité du prêt – emprunt).

Comme pour d'autres types de bien et de services, l'offre de fonds prêtable peut parfois augmenter ou baisser. Il en va de même pour la demande de fonds. Ainsi, les variations de l'offre et de la demande de fonds déterminent le prix sur ce marché, mesuré par le niveau des taux d'intérêt. Si davantage de ménages épargnent, l'offre de fonds prêtable augmente, les institutions financières sont donc en mesure de prêter davantage ce qui réduit le prix que les emprunteurs doivent payer : les taux d'intérêt diminuent. Si en revanche, la demande de prêt augmente alors même que l'offre de fonds prêtables se contracte parce que les agents économiques épargnent moins, les taux d'intérêt augmentent. Les variations des taux d'intérêt reflètent ainsi les variations des comportements des agents économiques en termes d'épargne et d'emprunt.

Observons ce qui se passerait en l'absence de l'intervention d'une banque centrale.

Supposons dans un premier temps que les agents économiques épargnent davantage. La conséquence logique de ce changement de comportement est une hausse de l'offre de fonds disponible au sein de l'économie. Si la demande de prêt est constante, cette hausse de fonds disponible entraîne une baisse des taux d'intérêt. Si l'on se place du point de vue des entrepreneurs et dirigeants d'entreprise, des taux d'intérêt en baisse facilitent le financement de projet d'investissement qui ne serait pas rentable avec des taux d'intérêt plus élevés. Les entreprises réagissent donc à une baisse des taux d'intérêt en s'engageant dans des projets d'investissement afin d'augmenter leurs capacités productives : les unités productives se développent, les fusions et acquisitions se répandent, les projets de recherche et développement se multiplient, etc. La baisse des taux d'intérêt encourage ainsi les entreprises à investir dans une offre productive future.

Que constate-t-on si l'on analyse cette perspective du point de vue des épargnants ? Epargner davantage indique le souhait de consommer moins aujourd'hui et maintenant. Cette baisse du désir d'une consommation présente et immédiate renforce l'incitation des entrepreneurs et dirigeants d'entreprise à investir dans une production future plutôt qu'à produire et vendre plus aujourd'hui. Rappelons que du point de vue des épargnants, épargner plus aujourd'hui, c'est se donner les moyens de consommer davantage dans le futur. L'épargne permet en effet de transférer les capacités de consommation du présent vers le futur. Ainsi, la hausse de l'épargne reflète une préférence pour *une consommation future* qui est compatible avec la hausse des projets d'investissements à long terme. En effet, les investissements à long terme augmentent la production future et permettent donc de satisfaire une consommation future plus conséquente.

Si les ménages souhaitent moins épargner pour consommer plus immédiatement, les entreprises seront confrontées à une offre d'épargne plus faible et donc à des taux d'intérêt plus élevés. Le coût du financement des projets d'investissement de long terme sera plus élevé, ce qui diminuera d'autant la rentabilité de ceux-ci. Le signal que cette hausse des taux d'intérêt envoie aux entreprises est qu'il n'est pas opportun d'augmenter les capacités productives futures. En effet, le faible niveau d'épargne traduit une capacité de consommation future en baisse incompatible avec une hausse des capacités de production futures.

On perçoit aisément le rôle que jouent les taux d'intérêt : ils permettent de coordonner la production au niveau inter temporel. Les taux d'intérêt assurent la coordination entre les préférences des ménages vis-à-vis de la consommation présente ou de la consommation future (épargne) et celles des firmes qui doivent arbitrer entre produire plus aujourd'hui ou demain.

Le mécanisme de coordination que nous venons de décrire est rendu possible parce que les taux d'intérêt évoluent en fonction de l'évolution du comportement d'épargne des ménages. Si les taux d'intérêt ne sont plus déterminés par le marché des fonds prêtables mais fixés par une autorité administrative de manière arbitraire, la coordination de la production au niveau inter temporel ne sera plus organisée de manière optimale.

2 - 1 La manipulation des taux d'intérêt par la banque centrale

Les banques centrales disposent aujourd'hui de nombreux instruments pour contrôler l'offre de monnaie et manipuler le niveau des taux d'intérêt. Supposons par exemple que la Federal Reserve, la banque centrale américaine, souhaite réduire le montant des taux d'intérêt. Rappelons que la baisse des taux d'intérêt, obtenue dans un marché dans lequel la banque centrale n'intervient pas, reflète une hausse du niveau d'épargne des ménages. Cependant, lorsque la Fed (Federal Reserve) abaisse artificiellement le niveau des taux d'intérêt, celui-ci ne correspond pas aux conditions réelles émanant du marché des fonds prêtables. En d'autres termes, la baisse artificielle des taux d'intérêt n'est pas liée à une hausse du taux d'épargne traduisant une réduction de la préférence pour la consommation présente de la part des consommateurs. Il est d'ailleurs tout à fait envisageable que la baisse des taux d'intérêt décrétée par la banque centrale américaine se produise alors même que les ménages américains réduisent leur effort d'épargne et démontrent une préférence accrue pour la consommation présente ! Quoi qu'il en soit, ces taux d'intérêt artificiellement bas vont induire en erreur les agents économiques. Avant de le montrer, il convient de relever que la manipulation des taux d'intérêt par une banque centrale revient à pratiquer une *politique de contrôle des prix.* En effet, les taux d'intérêt fixés sur un marché libre reflètent l'équilibre entre l'offre et la demande de fonds prêtables, ainsi que les préférences des agents économiques en termes de consommation intertemporelle. Lorsqu'une banque centrale abaisse de manière artificielle les taux d'intérêt, elle fixe un faux prix qui ne reflète plus l'équilibre entre l'offre et la demande de fonds prêtables.

Ces taux d'intérêt artificiellement bas vont donc induire en erreur les investisseurs, les entrepreneurs et les dirigeants d'entreprise. Ces derniers vont financer des projets d'investissement qui apparaissent rentables, compte tenu du niveau des taux d'intérêt. Un grand nombre de ces projets ne seraient pas rentables sans la manipulation des taux par la banque centrale. Ainsi, l'investissement des entreprises est induit en erreur par cette politique d'argent facile : de nombreux projets qui se révèleront sans lendemain seront financés, notamment des investissements de long terme gourmands en capitaux.

Le problème réside dans le fait que les ménages n'ont pas l'intention de réduire leur consommation présente par un effort d'épargne plus important afin de libérer des ressources financières pour une consommation future correspondant à ces projets d'investissements de long terme financés par les firmes. Ce faisant, un très grand nombre de ces investissements ne pourront pas encaisser les recettes anticipées car les ménages ne disposeront pas du surplus de ressources financières nécessaires.

La baisse artificielle des taux d'intérêt crée donc un porte à faux entre la politique d'investissement des firmes et les préférences de consommations inter temporelles des ménages : elle incite les entreprises à investir dans des projets à long terme alors que les ménages ne sont pas prêts à renoncer à une consommation présente pour consommer davantage dans les périodes futures. La coordination de la production et de la consommation à travers le temps est rompue.

Les investissements de long terme qui ne porteront leurs fruits que dans un futur lointain sont encouragés alors même que les consommateurs n'ont pas démontré leur intention de réduire leur consommation présente pour augmenter leur consommation future ! Les ménages n'ont pas pris la décision de « libérer » des ressources financières aujourd'hui en réduisant leur consommation présente (augmentation de leur épargne) afin que les entreprises puissent financer leurs investissements de long terme. Par ailleurs, puisqu'il n'y a pas eu suffisamment de transfert de ressources financières du présent vers l'avenir, les entreprises seront confrontées à des ménages n'ayant pas les moyens de consommer plus dans le futur au moment même où les investissements de long terme se seront concrétisés et rechercheront les clients pour générer les recettes escomptées.

En outre, la baisse artificielle des taux d'intérêt va inciter les ménages à consommer plus aujourd'hui et à baisser leur effort d'épargne alors même que les investisseurs sont incités à investir davantage. L'économie est en quelque sorte étirée dans deux directions contraires à la fois. Le capital n'est donc pas alloué de manière optimale parce que les investissements réalisés ne sont pas soutenables sur la durée.

Alors que les firmes tentent de réaliser leurs différents projets d'investissement, elles s'apercevront que les ressources dont elles ont besoin, telles que le capital, le travail, les matières premières, les outils et équipements divers – que les économistes qualifient de facteurs de production complémentaires – ne sont pas disponibles en quantité suffisante. En effet, le stock d'épargne réel qui seul détermine la quantité de capital disponible n'est pas compatible avec le signal donné par des taux d'intérêt très faibles. Rappelons que des taux d'intérêt très faibles devraient être le reflet d'une offre d'épargne très abondante. Si les taux d'intérêt ont été baissés de manière artificielle, l'offre d'épargne n'a pas augmenté pour autant.

Les firmes vont ainsi réaliser que les facteurs de production complémentaires dont elles ont absolument besoin ne sont pas aussi abondants qu'anticipés. Le prix de ces différents facteurs de production (capital, travail et notamment travail qualifié, composants, matières premières, etc.) sera donc plus élevé que prévu, ce qui entraînera une hausse des coûts de production. En conséquence, les entreprises devront emprunter davantage pour financer ces hausses de coûts imprévus. La hausse de la demande d'emprunt amènera progressivement à une hausse des taux d'intérêt, ce qui achèvera de ruiner la rentabilité de ces projets d'investissement. Bien entendu, la banque centrale pourrait intervenir afin d'empêcher la hausse des taux d'intérêt, conséquence d'un recours grandissant à l'emprunt. Dans ce cas, la stimulation artificielle de l'économie se prolongera encore quelque temps, les dirigeants d'entreprise et entrepreneurs pouvant financer avec une dette bon marché la hausse des coûts des facteurs complémentaires dont ils ont besoin pour réaliser leurs projets d'investissement. Dans un tel scénario, le boom de l'investissement se poursuivra entrainant une hausse encore plus forte du coût des facteurs complémentaires, nécessitant à nouveau un recours à l'emprunt pour financer le renchérissement des coûts de production. Le retour à la réalité sera certes retardé mais il sera également plus douloureux, étant donné l'ampleur des investissements non soutenables.

L'économie ne peut pas absorber autant d'investissement avec un stock d'épargne aussi limité. Les taux d'intérêt, s'ils ne sont pas manipulés par la banque centrale, agissent comme une contrainte de marché quant à la quantité de projets d'investissement qui peuvent être financés de manière à prévenir le financement de ceux qui ne sont pas compatibles avec le stock réel d'épargne. En baissant les taux d'intérêt de manière artificielle, davantage d'investissements seront financés et démarrés. Cependant, des taux d'intérêt artificiellement bas n'apportent pas, comme par magie, les ressources réelles nécessaires pour compléter tous les projets d'investissements entrepris.

Il est vrai que la baisse artificielle des taux d'intérêt décidée par la banque centrale va engendrer une période d'expansion économique. Les marchés financiers et tout particulièrement les marchés actions vont progresser, les mises en chantier de logements vont se multiplier, les entreprises vont développer leurs capacités productives et les ménages bénéficieront d'un niveau de vie accrue.

Le surcroit de liquidité engendré par la baisse artificielle des taux va abreuver les marchés financiers : il y aura ainsi plus d'argent déversé sur un même nombre de titres financiers en circulation (actions, obligations, matières premières, etc.) entraînant mécaniquement leur hausse. Les professionnels de la finance verront ainsi leurs rémunérations augmenter de manière conséquente. Que pourront-ils faire de tout cet argent : changer d'appartement ou acheter une nouvelle maison par exemple. Ces transactions supplémentaires profiteront au marché immobilier dont les prix seront ainsi tirés vers le haut. Le boom des marchés financiers pourra ainsi s'accompagner d'un autre boom : celui de l'immobilier.

Mais cette croissance n'est que factice, elle n'est qu'un mirage. La réalité prendra le dessus et de nombreux investissements réalisés durant ce boom artificiel généreront des rendements négatifs et devront donc être abandonnés. Les ressources qui auront été consacrées à ces projets non soutenables auront ainsi été gaspillées.

En définitive, une politique monétaire expansionniste conduit à une expansion économique artificielle, à un boom illusoire. Cette croissance non soutenable débouchera tôt ou tard sur un ralentissement économique, voire une récession.

2 - 2 L'illusion du boom perpétuel

Si les banques centrales baissent les taux d'intérêt, c'est dans l'objectif de maintenir l'économie dans une situation de croissance non inflationniste. Cela signifie que si la croissance économique ralentit au point d'enclencher une récession (croissance négative c'est-à-dire décroissance du PIB) la banque centrale[8] dispose de l'outil monétaire pour tenter de relancer la machine économique en abaissant les taux d'intérêt afin de réinjecter du crédit dans les rouages de la machinerie économique. La volonté de maintenir l'économie dans une phase de croissance permanente est en première analyse des plus louables. Qui pourrait en effet se réjouir d'un ralentissement économique ou pis, d'une récession ? La baisse de l'activité engendre son cortège de licenciements, de fermetures d'entreprises et de souffrance sociale. Elle s'accompagne d'une progression du taux de chômage, d'une stagnation voire d'une baisse du niveau de vie et trop souvent d'une progression de la

[8] Comme nous l'avons montré durant le premier chapitre, la Federal Reserve est beaucoup plus agressive que la Banque Centrale Européenne en termes de politique de baisse des taux d'intérêt afin de relancer l'économie. La BCE ne va pas aussi loin dans la manipulation des taux d'intérêt ou dans le déploiement de politiques monétaires non conventionnelles à l'instar du Quantitative Easing (relâchement quantitatif). Nous reviendrons sur les politiques de Quantitative Easing et leurs conséquences sur les marchés de capitaux.

précarité sociale. N'est-il pas humainement responsable et économiquement optimal de tenter au moyen d'une politique monétaire expansionniste d'endiguer le fléau de la récession ? La plupart des banques centrales aujourd'hui, et tout particulièrement la Federal Reserve – la banque centrale américaine -, répondent par l'affirmative.

Cependant, la récession n'est-elle pas la conséquence inéluctable d'une croissance artificielle qui a été elle-même stimulée par une politique de crédit facile et de taux d'intérêt bas ?

En effet, plus le boom artificiel se poursuit, alimenté par une politique de taux d'intérêt bas et de crédit bon marché, plus l'économie va se « déformer » en se dirigeant vers des investissements dont la rentabilité dépend du maintien de taux très faibles. En conséquence, de plus en plus de ressources rares seront allouées dans des secteurs d'activité, des projets et des créations d'entreprises qui disparaîtront dès lors que la stimulation artificielle d'une politique monétaire très accommodante s'estompera. La récession n'en sera que plus sévère.

Dès lors qu'il apparaît que le boom économique artificiel n'est pas soutenable à long terme, le système économique donne des indications de plus en plus claires pour liquider ces investissements non rentables. Les chiffres d'affaires des secteurs d'activité et des firmes qui ont le plus bénéficié du boom stagnent puis diminuent, les profits se tassent puis se transforment en lourdes pertes. Bref, les signaux s'accumulent pour indiquer que la phase d'expansion touche à sa fin et que des lendemains plus difficiles sont au coin de la rue.

La récession est ainsi le processus de correction nécessaire qui permet d'éliminer les investissements aventureux financés par une politique de crédit facile. Elle libère les facteurs de production qui ont été mal utilisés durant le boom et permet leur redéploiement vers des secteurs d'activité et des projets entrepreneuriaux réellement rentables. Ce processus d'ajustement est socialement douloureux, il se caractérise par de nombreuses faillites d'entreprise et un brutal ralentissement de la croissance économique. Aussi douloureuse que cette indispensable correction puisse être, la récession n'est pas la phase du cycle des affaires durant laquelle les dégâts les plus importants sont causés au système économique. La récession permet de liquider les investissements injustifiés[9] qui se sont accumulés durant la phase d'expansion. Elle s'évertue à corriger la mauvaise allocation des ressources qui a déformé le système productif en le rendant incompatible avec un processus de croissance soutenable et durable. La récession autorise ainsi le système productif à renouer avec un sentier de croissance compatible avec le stock de ressources réelles disponibles (capital et travail). Les dégâts sont provoqués par la phase de boom, cette période de prospérité factice qui précède la récession. C'est durant cette phase que les taux d'intérêt artificiellement bas ont provoqué une mauvaise allocation du capital productif de manière massive et des investissements injustifiés. C'est durant cette période que les ressources rares d'une économie sont mal allouées dans des projets qui font sens dans l'environnement artificiel du boom. Personne n'aime le chômage et les faillites d'entreprise en cascade qui caractérisent une phase de récession. Mais c'est l'expansion artificielle qui a rendu nécessaire la récession.

La théorie autrichienne du cycle des affaires permet ainsi d'expliquer le phénomène d'accumulation d'erreurs

[9] L'expression de « malinvestment » est fréquemment utilisée en anglais pour désigner les investissements injustifiés qui se sont accumulés durant une phase d'expansion artificielle financée par une politique monétaire expansionniste. Le néologisme mal-investissement, traduction de « malinvestment » est d'ailleurs parfois utilisé en français pour décrire ces investissements inutiles.

qui définit une phase de récession : de très nombreux entrepreneurs et dirigeants d'entreprise, y compris les plus expérimentés, commettent les mêmes erreurs au même moment. C'est la baisse artificielle des taux d'intérêt qui, en donnant un faux signal, une fausse information aux acteurs économiques, les incite à entreprendre des projets d'investissements qui ne sont pas compatibles avec le stock de ressources réelles dans l'économie. Puisque ces ressources réelles ne peuvent être créées ex-nihilo, tous les investissements entrepris ne pourront être menés à leur terme. Le ralentissement économique indispensable pour liquider ces investissements injustifiés est d'ailleurs beaucoup plus marqué dans les secteurs d'activité qui relèvent des biens de production (matières premières, construction, immobilier, etc.) que dans les secteurs des biens de consommation. Les premiers sont en effet beaucoup plus sensibles aux variations des taux d'intérêt et vont donc attirer de nombreux investissements non justifiés lorsque les taux d'intérêt sont artificiellement baissés.

Pour comprendre ce que signifie une expansion économique artificielle, un boom, prenons une analogie avec une société de BTP qui s'installe dans une petite ville pour quelques mois seulement afin de construire plusieurs équipements collectifs. L'arrivée de l'entreprise de BTP provoque un surcroit de chiffres d'affaires pour les restaurateurs locaux : les employés de cette entreprise vont augmenter la demande de restauration dans cette petite ville. Supposons que les restaurateurs commettent l'erreur d'en conclure que cette demande supplémentaire est permanente. Les restaurateurs vont ainsi recruter du personnel permanent et augmenter le nombre de couverts qu'ils peuvent servir en investissant dans l'ouverture de nouveaux restaurants. Bien entendu, dès que les équipements collectifs seront terminés et que la société de BTP aura quitté la ville, les restaurateurs découvriront qu'ils ont réalisé des investissements injustifiés, des mal-investissements.

Faut-il pour autant subventionner ces restaurateurs en prolongeant cette expansion artificielle ? Le secteur bancaire doit-il prêter de l'argent bon marché à ces restaurateurs pour maintenir ces investissements à flot quelques mois supplémentaires ? Répondre par l'affirmative revient à continuer à diriger des ressources rares à destination d'activités économiques non rentables *au détriment* d'autres projets plus pertinents et ainsi à poursuivre la mauvaise allocation des ressources. Ce surinvestissement dans l'activité de restauration constitue une bulle qui ne peut être maintenue qu'au prix d'un endettement croissant des restaurateurs. Il est préférable de mettre un terme à cette bulle afin que les ressources qui ont été dirigées dans cette activité soient réallouées vers des secteurs réellement rentables.

Il convient de relever qu'un boom, une phase de croissance artificielle non soutenable dans la durée, affecte toutes les entreprises et pas seulement les firmes qui ont le plus alloué de ressources dans des investissements injustifiés financés par un endettement à des conditions très favorables. Pour s'en convaincre, il suffit d'observer ce qui s'est passé lors de la bulle Internet[10] des années 90.

Au paroxysme de la bulle internet, de la fin des années 1990 au tout début des années 2000, une firme comme Microsoft – qui s'est développée bien avant cette bulle – s'est retrouvée confrontée à une pénurie des facteurs de production nécessaires au bon fonctionnement de son

---

[10] Nous analyserons plus en détail l'impact de la politique monétaire américaine sur la valorisation des actions et tout particulièrement des actions des firmes impliquées dans l'Internet. Nous montrerons que la bulle Internet est une conséquence directe d'une politique monétaire maintenant des taux d'intérêt très bas sur une période excessivement longue.

activité. En effet, il devenait de plus en plus compliqué pour le géant de Redmond de recruter des salariés qualifiés (développeurs de logiciels notamment) et de conserver ceux qu'elle employait. L'essor de la bulle Internet s'est traduit par une vague de recrutement massif dans les métiers des technologies de l'information. Cette ressource rare, en l'occurrence le travail hautement qualifié, s'est raréfiée davantage durant cette bulle. En conséquence, les salaires versés ont augmenté *pour l'ensemble* des entreprises et pas seulement pour les firmes les plus impliquées dans la bulle Internet. Celle-ci a donc renchéri les coûts de production (salaires qualifiés) pour l'économie américaine dans son ensemble.

2 - 3 Un résumé de la théorie autrichienne des cycles économiques

Pour résumer l'analyse autrichienne des cycles économiques - cycle des affaires - les différents points suivants doivent être gardés à l'esprit :

- Les taux d'intérêt peuvent diminuer de deux façons : soit parce que les ménages épargnent davantage, soit parce que la banque centrale les baisse de manière artificielle
- Les investisseurs, entrepreneurs et dirigeants d'entreprises réagissent à une baisse des taux d'intérêt en investissant dans de nouveaux projets et en particulier dans les secteurs les plus sensibles aux variations des taux d'intérêt comme l'exploitation minière, la construction, les matières premières, les biens de production (machines outils, équipements industriels, etc.). Ces secteurs sont les plus en amont des filières productives, c'est-à-dire les plus éloignés des secteurs de biens de consommation.
- Si les taux d'intérêt baissent en contrepartie d'une hausse de l'épargne, le système de marché fonctionne

correctement. Les secteurs qui bénéficient le plus du surcroit d'investissement sont en cohérence avec le fait que les ménages, en épargnant plus, acceptent de consommer moins aujourd'hui pour être en mesure de consommer plus demain.

- Si en revanche les taux d'intérêt sont baissés de manière artificielle, c'est-à-dire par les manipulations d'une banque centrale, un très grand nombre de ces projets d'investissement ne pourront pas être complétés. Les ressources nécessaires pour les mener à terme ne sont pas suffisantes puisque le stock d'épargne n'a pas augmenté. Les investisseurs et les entrepreneurs ont été induits en erreur par des taux d'intérêt artificiellement bas.
- Dans ce cas, une partie des investissements entrepris ne sont pas justifiés, ils ne sont pas compatibles avec le stock de ressources disponible dans l'économie.
- Plus tôt la manipulation des taux d'intérêt prendra fin, plus rapidement les ressources mobilisées par ces mal-investissements pourront être libérées et redéployées vers des usages plus productifs. Si la manipulation des taux d'intérêt se prolonge ou est accentuée – en abaissant les taux à des niveaux historiquement bas -, le retour à la réalité n'en sera que plus difficile : l'inévitable récession n'en sera que plus sévère.

Cependant, ne peut-on pas objecter à la théorie autrichienne des cycles économiques l'argument suivant : pourquoi les entrepreneurs, investisseurs et dirigeants d'entreprise, ne sont-ils pas en mesure de faire la distinction entre une baisse des taux d'intérêt qui reflète une hausse du stock d'épargne et une baisse des taux artificielle correspondant à une politique monétaire excessivement expansionniste ? On pourrait rétorquer que la plupart des acteurs économiques ne connaissent pas cette approche théorique. Mais même les décideurs, qui sont tout à fait conscients que la manipulation des taux d'intérêt ne reflète pas les fondamentaux de l'économie et qu'en conséquence des bulles spéculatives sont en cours de formation, peuvent trouver dans leur intérêt d'emprunter et d'investir dans des projets en espérant que *leurs* projets puissent être menés à leur terme avant que le château de cartes ne s'effondre. S'ils se tiennent à l'écart d'une bulle spéculative en cours de formation alors que leurs concurrents y prennent part, les investisseurs et dirigeants vertueux risquent de perdre des parts de marché. La baisse artificielle des taux d'intérêt est une véritable manne pour de nombreux entrepreneurs et investisseurs à laquelle il est difficile de résister surtout dans un environnement où la concurrence est forte.

Le travers de la théorie autrichienne du cycle des affaires réside en ce qu'elle ne permet pas d'expliquer la durée et l'intensité de la phase de récession. C'est une théorie de l'expansion économique artificielle, financée par un crédit bon marché, non soutenable dans la durée et qui débouchera donc inéluctablement sur une récession.

La récession est donc indispensable afin de liquider les investissements injustifiés qui se sont accumulés durant la phase de croissance factice. La récession n'est donc pas le problème mais la solution ! Elle est indispensable pour permettre à l'économie de réallouer les ressources vers des usages réellement productifs et rémunérateurs. Elle est en quelque sorte l'antidote au poison de la fausse croissance financée par un endettement sans pleurs (dans un premier temps bien entendu !). Selon la vision autrichienne, les tentatives pour relancer l'économie durant une phase de récession ne feront que repousser le problème de l'inévitable assainissement de l'économie. La récession pourra être atténuée dans un premier temps par une politique monétaire proposant un cocktail de taux d'intérêt historiquement bas et de Quantitative Easing[11], voire enclencher une nouvelle phase d'expansion totalement artificielle, un nouveau boom qui débouchera inévitablement sur une récession encore plus violente que la précédente. Combattre une récession qui fait suite à un boom économique, une croissance factice, ne fait que repousser l'échéance. Les investissements injustifiés, ces mal-investissements, doivent être liquidés afin de libérer les ressources qui y ont été allouées, de sorte qu'elles puissent être dirigées vers des projets réellement productifs et rentables, garants d'une croissance soutenable dans la durée.

3 – La bulle Internet

Avant l'éclatement de la crise financière de 2008, la bulle Internet était le dernier exemple en date de la pertinence de la théorie autrichienne du cycle des affaires.

A l'été 1995, Netscape, la firme qui avait inventé le navigateur Internet qui à l'époque dominait de très loin le marché, allait être introduite en bourse, offrant pour la première fois la possibilité aux investisseurs d'acquérir des titres de cette société innovante. A l'issue de la première journée de cotation, le titre Netscape avait atteint 75 dollars, soit près de trois fois son cours d'introduction de 28 dollars, alors même que cette société n'avait pas encore généré le moindre dollar de profit.

L'introduction en bourse de Netscape est perçue comme le point de départ de la bulle Internet, une période de près

[11] Le Quantitative Easing tel qu'il est notamment pratiqué par la Federal Reserve consiste à injecter de l'argent dans le système économique ex-nihilo. Les liquidités injectées dans le circuit sont purement et simplement créées par la banque centrale. Techniquement, la banque centrale achète des obligations et des titres hypothécaires adossés (Mortgage Backed Securities) aux organismes financiers avec de l'argent qu'elle crée de toutes pièces !

de 5 ans au cours de laquelle des jeunes pousses de l'Internet ont vu leurs cours de bourse croître de manière vertigineuse pour s'écraser à des niveaux proches de zéro au premier trimestre de l'année 2000. A cette époque, Alan Greenspan, alors à la tête de la banque centrale américaine, avait évoqué l'arrivée d'une nouvelle économie. Cependant, cette nouvelle économie n'a pas tenu ses promesses et s'est terminée en une récession en 2001 dans un enchaînement tout à fait cohérent avec la théorie autrichienne du cycle des affaires.

Tous les éléments mis en avant par l'école autrichienne d'économie étaient présents. Les taux d'intérêt étaient tombés à des niveaux très faibles par la politique monétaire très expansionniste de la Federal Reserve : la masse monétaire a augmenté de plus de 50% entre 1995 et 2000 alors que dans le même temps le PIB américain n'avait augmenté que de 22% ! Durant cette période, les jeunes pousses de l'Internet ont découvert que les facteurs de production dont elles avaient besoin (développeurs web, locaux commerciaux dans la Silicon Valley, nom de domaine sur Internet, etc.) devenaient de plus en plus rares et donc de plus en plus coûteux. La hausse des prix de ces facteurs de production a contribué à rendre la bulle Internet de plus en plus difficile à maintenir.

Par ailleurs, la théorie autrichienne du cycle des affaires met en évidence que les investissements qui sont engagés dans une phase de boom artificiel reposant sur des taux artificiellement bas ne peuvent tous être menés à leur terme. Ces investissements injustifiés sont dans ce cas incompatibles avec le stock des ressources réelles de l'économie et notamment le stock d'épargne. Durant la bulle Internet, le taux d'épargne des ménages américains n'a fait que baisser pour atteindre un taux négatif au début de l'année 2000. Par ailleurs, la dette des ménages américains s'est envolée pour atteindre près de 120% du

PIB en 2000. Le stock d'épargne disponible ne s'est donc pas accru puisque les Américains ont désépargné et recouru massivement à la dette pour financer une consommation frénétique. Dans le même temps, les investissements des entreprises basées dans la Silicon Valley ont progressé de près de 250% durant cette période ! L'économie s'est donc étirée dans deux directions incompatibles : une consommation présente de plus en plus dynamique financée par la dette et des investissements en plein essor ! Etant donné le faible niveau d'épargne disponible aux Etats-Unis, les ressources nécessaires pour mener à terme cette explosion d'investissement n'étaient pas suffisantes.

L'analyse du NASDAQ, le marché boursier sur lequel la plupart des firmes Internet étaient cotées durant la bulle Internet, nous suggère que les valorisations des firmes Internet ont été dopées par la politique monétaire très complaisante déployée par la banque centrale américaine durant cette période. Les ratios de valorisation des firmes technologiques, à l'instar du Price-to-Earnings ratio, sont historiquement assez bas aux alentours de 10, voire moins. Ce qui signifie que l'on pourrait théoriquement acheter 100% des actions d'une société cotée en la payant environ 10 fois ses bénéfices annuels. A la fin des années 1990, les sociétés Internet cotées sur le NASDAQ étaient valorisées de centaines de fois leur profit (lorsqu'elles généraient des profits, ce qui n'était pas toujours le cas, loin s'en faut) ! Les valeurs Internet ont précipité la chute de l'indice du NASDAQ en 2000 lorsqu'il s'écroula de 40%. Certains ont reproché à Alan Greenspan d'avoir remonté les taux d'intérêt à la fin des années 1990 (entre juin 1999 et mai 2000), ce qui aurait précipité la chute de la nouvelle économie. Certes, en cohérence avec l'école autrichienne d'économie, des taux d'intérêt qui remontent vont contribuer à précipiter la fin de l'expansion factice qui avait été induite par une politique monétaire exagérément expansionniste. Cependant, un autre facteur doit également être mis en avant : la hausse vertigineuse des prix des facteurs de production. En effet durant cette période, les salaires des développeurs et programmeurs ont plus que doublé. Les loyers des locaux commerciaux et industriels au sein de la Silicon Valley ont suivi la même tendance. Le prix des noms de domaine Internet les plus recherchés a été multiplié par dix dans certains cas. Peu d'entrepreneurs de l'Internet avaient prévu un renchérissement aussi important et rapide des facteurs de production indispensables au bon fonctionnement des projets Internet. Les business plans étaient donc basés sur des hypothèses totalement fausses quant à l'évolution des coûts de production des sociétés de l'Internet. La hausse des coûts des facteurs de production dont les firmes de l'Internet ont absolument besoin pour mener à terme les investissements déployés a tout autant contribué à l'éclatement de la bulle que la hausse des taux d'intérêt. Comme l'indique la théorie autrichienne des cycles économiques, la hausse continue des prix des facteurs de production renchérit les coûts des firmes, ce qui diminue leur rentabilité. Dès lors que le processus de baisse de la rentabilité est amorcé, la bulle ne peut plus se maintenir : son éclatement est inévitable.

C'est en réaction à l'éclatement de la bulle Internet et à la récession qui s'en est suivie que la politique monétaire de la banque centrale américaine a connu une inflexion marquée : Alan Greenspan, alors à la tête de la Federal Reserve, a pris la décision de déployer une politique monétaire très expansionniste dès le début 2001 en diminuant le taux directeur de manière drastique. Ces taux ont été baissés à un niveau historiquement bas[12] de 1% de

[12] Les taux directeurs (Fed Funds rate) sont aujourd'hui à des niveaux encore inférieurs pour s'établir à 0,25%.

juin 2003 à juin 2004. En dépit de cette politique monétaire ultra accommodante, la bulle Internet n'a pas pu être ranimée. Cette bulle, comme toutes les bulles spéculatives, n'était pas soutenable dans la durée.

En revanche, le maintien de taux d'intérêt à un niveau artificiellement bas pendant une longue période a contribué à gonfler une nouvelle bulle spéculative : celle de l'immobilier et des produits financiers adossés à la dette immobilière. Ainsi, plutôt que de permettre à la récession de liquider les investissements injustifiés qui se sont accumulés durant la bulle Internet, la politique monétaire expansionniste déployée par Alan Greenspan a contribué à gonfler une autre bulle dont l'éclatement est à l'origine de la plus grave crise financière depuis le krach de 1929.

4 – La crise financière de 2008

La crise financière qui éclate en 2008 avec la faillite de la banque d'investissement Lehman Brothers est directement liée à l'éclatement de la bulle des dérivés de crédits. Les dérivés de crédits sont des produits financiers complexes adossés à des emprunts immobiliers. Par construction, ils sont donc intimement liés à la dynamique du marché immobilier. Durant la décennie 2000, la plupart des banques d'investissement, notamment aux Etats-Unis, ont produit de manière massive des titres adossés à des créances immobilières (Mortgage Backed Securities ou MBS). Comment une banque d'investissement, à l'instar de Lehman Brothers ou de Goldman Sachs, s'y prend-elle pour produire des titres adossés à des créances immobilières ? Le point de départ du processus est tout simple : des ménages empruntent pour financer l'acquisition d'un bien immobilier auprès d'une banque ou d'un organisme financier spécialisé dans les prêts immobiliers. Ces organismes financiers (banques commerciales et institutions financières spécialisées dans les prêts immobiliers) disposent donc de créances vis-vis des ménages qui ont emprunté pour acheter un bien immobilier. Plutôt que de conserver ces créances jusqu'à leur remboursement, généralement sur une période longue, de 15 à 30 ans, ils choisissent d'en revendre une partie à des banques d'investissement. Ceux-ci vont ensuite créer des pools de créances immobilières en mettant en commun des créances issues de divers organismes financiers. Puis, les banques d'investissement vont titriser ces créances, c'est-à-dire les transformer en produits financiers - les MBS - afin de les vendre aux investisseurs. L'opération de titrisation consiste à mélanger des tranches issues de créances immobilières de haute qualité (les emprunteurs sont des ménages disposant de revenus confortables) à un risque faible et générant donc un rendement limité[13] à des tranches de créances immobilières de qualité inférieure mais générant un rendement plus élevé – *subprime* -. L'objectif est de créer un titre financier qui offre un rendement élevé, grâce aux tranches *subprime*, tout en limitant les risques en y ajoutant des tranches *prime*. La conception de ces MBS était basée sur des modèles mathématiques complexes reposant sur l'hypothèse de l'efficience des marchés, présentée dans la première partie de notre ouvrage. Les financiers de Wall-Street, en véritables alchimistes des temps modernes, pensaient avoir trouvé la formule permettant de vendre aux investisseurs des produits financiers générant des rendements élevés et un niveau de risque très faible. Le déroulement des événements montrera qu'en dépit de la

---

[13] Les ménages les plus fiables empruntent à des taux très faibles – *prime rate* - car ils représentent un risque limité pour le prêteur. La probabilité qu'ils fassent défaut est en effet très limitée. En revanche, les ménages dont les revenus sont faibles représentent un risque de défaut plus élevé. Pour compenser ce risque supplémentaire, les prêteurs exigent un taux d'intérêt plus élevé – *subprime rate* -.

sophistication mathématique des modèles utilisés pour concevoir ces MBS, nombre d'entre eux se révèleront beaucoup plus risqués et bien moins rentables qu'attendu ! Il convient d'insister sur le rôle des agences de notation - Standard & Poors, Moody's et Fitch - dans la croissance fulgurante du marché de MBS. Ces agences avaient la lourde responsabilité de noter les MBS « fabriqués » par les banques d'investissement. Etant donné la complexité de ces produits financiers, les investisseurs s'appuyaient en dernier ressort sur la note de ces agences de notation pour décider d'investir ou non dans ces MBS. Si des MBS conçus par Goldman Sachs étaient notés AAA, la note la plus élevée pour Standard & Poors, cela représentait un gage de sécurité pour les investisseurs. Un produit financier noté AAA est considéré comme le plus sûr qui soit. La probabilité qu'il fasse défaut est dans ce cas quasi nulle. Or, les agences de notation ont été extrêmement complaisantes dans leur notation des dérivés de crédit. Elles ont accordé des AAA à des titres qui n'auraient jamais du bénéficier d'une telle notation. Ce faisant, elles ont induit en erreur les investisseurs : ces derniers, sur la foi de ces AAA, ont investi sans discernement dans ces MBS.

Le boom du marché des dérivés de crédit - MBS - fut donc directement lié à la dynamique du marché de l'immobilier aux Etats-Unis. Or, c'est une véritable bulle immobilière qui se met en place en Amérique durant les années 2000.

De 1998 à 2006 le prix de l'immobilier aux Etats-Unis a triplé ! Dans certains marchés locaux (Californie, Nevada, Utah, Floride) même les demeures les plus modestes avaient atteint des prix jamais observés auparavant. Les prix n'ont réellement commencé à baisser qu'à partir du troisième trimestre 2006, dans un premier temps de manière très modérée. La baisse s'est ensuite amplifiée en 2007 pour se transformer en véritable krach en 2008 et 2009. Pendant toute la durée du boom, les ménages qui ont rencontré des difficultés pour rembourser leur dette immobilière pouvaient assez facilement revendre leur propriété à un prix plus élevé que celui auquel ils l'avaient achetée et ainsi solder l'emprunt qui avait été contracté sur ce bien. C'est la raison pour laquelle le taux de défaut sur la dette immobilière est resté très bas durant cette période. Mais dès que les prix de l'immobilier ont cessé d'augmenter, cette solution n'était plus envisageable et les défauts sur la dette immobilière ont grimpé en flèche.

L'éclatement de la bulle immobilière a eu des répercussions bien au-delà de la relation entre prêteurs et emprunteurs. En effet, le système financier avait massivement investi dans la titrisation des créances immobilières durant le boom. Le krach du marché immobilier a donc provoqué une réaction en chaîne d'une violence considérable au cœur du système financier : les dérivés de crédit - MBS - jusqu'alors considérés comme des placements sûrs et rentables ont tout à coup perdu l'essentiel de leur valeur. Les institutions financières et les épargnants qui avaient misé sur ces MBS se sont retrouvés dans une situation des plus précaires ! Pour certaines banques, la situation est très vite devenue critique : les actifs qu'elles avaient placés dans les dérivés de crédit avaient perdu tellement de valeur qu'elles ont été contraintes de se recapitaliser dans l'urgence. La faillite de Lehman Brothers, le sauvetage in-extremis du premier assureur mondial, la société américaine AIG, ont provoqué la plus grave crise financière de ces 50 dernières années. Le crédit interbancaire, par lequel les banques se prêtent des liquidités au jour le jour, s'est pratiquement gelé : chaque banque craignant que l'autre ne puisse lui rembourser l'argent prêté ! Les banques, ne se prêtant plus entre elles, ont bien entendu réduit les prêts aux ménages et aux entreprises, provoquant un vif ralentissement économique notamment aux Etats-Unis et en Europe.

Les bulles jumelles de l'immobilier et des dérivés de crédit ont éclaté l'une après l'autre, la première ayant entraîné la seconde. La théorie autrichienne du cycle économique est des plus pertinentes pour comprendre les origines de cette crise financière.

Pour comprendre la source des bulles de l'immobilier et des dérivés de crédit, il faut revenir sur la politique monétaire très expansionniste menée par la banque centrale américaine. Comme nous l'avons montré précédemment, selon l'école autrichienne d'économie, lorsque la banque centrale baisse de manière artificielle les taux d'intérêt, elle encourage une expansion factice dans les secteurs qui sont les plus intensifs en projets d'investissement de long-terme : matières premières, construction, biens d'équipement, etc. Le boom de la construction et de l'immobilier aux Etats-Unis, épicentre de la crise financière durant les années 2000, en est la parfaite illustration. A la différence d'une production qui augmente parce qu'elle correspond aux préférences des consommateurs, notamment l'arbitrage entre consommation présente et consommation future, et qui est compatible avec les ressources réelles de l'économie, la stimulation artificielle de la banque centrale n'est ni cohérente avec les premières ni avec les secondes.

La Federal Reserve a joué un rôle central dans le gonflement des bulles financières de l'immobilier et des dérivés de crédit. Les taux d'intérêt ont été baissés à des niveaux records (le taux des *federal funds* est resté bloqué à 1% durant un an, de juin 2003 à juin 2004) et la masse monétaire américaine a augmenté de manière spectaculaire durant la décennie 2000.

Ce flux de liquidités a été pour l'essentiel canalisé vers les marchés de l'immobilier et des dérivés de crédit. Si nous avons déjà évoqué le rôle des banques d'investissement dans la titrisation des créances immobilières, contribuant ainsi à la création d'une bulle des dérivés de crédit, on ne peut passer sous silence le rôle d'institutions para publiques américaines que sont les Fannie Mae et Freddie Mac. Le Federal National Mortgage Association - Fannie Mae - et le Federal Home Loan Mortgage Corporation - Freddie Mac - ont été les leviers par lesquels la politique de baisse des taux d'intérêt et d'expansion monétaire déployée par la Fed a permis de gonfler les bulles jumelles de l'immobilier et des dérivés de crédit. Ces entreprises sont la création du Congrès américain (l'équivalent du Parlement) et sont qualifiées aux Etats-Unis « d'entreprises financées et soutenues par le gouvernement » (*Government Sponsored Enterprises* or GSEs). Leur fonction principale est de garantir les prêts immobiliers contractés par les ménages américains. Par ailleurs, elles sont une pièce maîtresse du processus de titrisation que nous avons déjà décrit. Elles achètent de manière massive les créances immobilières que les banques détiennent vis-à-vis des ménages qu'elles revendent ensuite à des banques d'investissement qui les transformeront en titres financiers de type dérivés de crédit[14]. Ces sociétés jouissent d'un statut très particulier en ce sens qu'elles sont privées (les actions de ces firmes sont cotées sur le marché américain) tout en bénéficiant de la garantie de l'Etat fédéral américain et d'une ligne de crédit de 2,25 milliards de dollars auprès du trésor

[14] Dans les faits, Fannie Mae et Freddie Mac sont également directement impliquées dans la titrisation des créances immobilières. Elles ne passent donc pas nécessairement par un intermédiaire, en l'occurrence une banque d'investissement, pour titriser des créances immobilières.

américain ! Les obligations qui sont émises par Fannie Mae et Freddie Mac sont considérées comme aussi sûres que celles émises par le trésor américain. En effet, la plupart des investisseurs estiment que cette ligne de crédit auprès du trésor américain est en réalité illimitée. En cas de graves difficultés, Fannie et Mae et Freddie Mac seraient renflouées par les pouvoirs publics, c'est-à-dire les contribuables. La crise de 2008, qui a plongé ces sociétés quasi publiques dans la tourmente, l'a parfaitement démontré puisqu'elles sont passées sous le contrôle direct du trésor américain.

Si les *Government Sponsored Enterprises* jouaient un rôle mineur dans le marché immobilier des années 1990, elles sont devenues des acteurs incontournables de ce marché durant les années 2000. Pour s'en convaincre, il suffit de consulter les statistiques américaines portant sur le marché immobilier : en 2008 elles détenaient la moitié des encours de créances immobilières[15] et près de 75% des créances immobilières émises cette année-là.

La banque centrale américaine ne s'est pas contentée de pratiquer une politique monétaire irresponsable en pratiquant des taux artificiellement bas pendant une période excessivement longue, elle a également encouragé Freddie Mac et Fannie Mae à emprunter et prêter à des niveaux jamais vus. En outre, ces agences ont contribué à réduire les garanties nécessaires à l'obtention d'un prêt immobilier. Avant la bulle des années 2000, les ménages souhaitant contracter un prêt immobilier devaient justifier de revenus compatibles avec le remboursement des mensualités et par ailleurs contribuer au financement du bien par un apport conséquent, généralement d'un montant équivalent à 15 à 25% du prix. Ces règles de prudence ont volé en éclat sous la pression des autorités américaines de

[15] Les encours de créances immobilières représentent la valeur du stock total des emprunts immobiliers contractés par les ménages.

manière à favoriser l'accès à la propriété des minorités ethniques, notamment les Afro-Américains et les Hispaniques. Il est ainsi devenu possible durant la bulle immobilière d'emprunter la totalité du prix d'un bien, c'est-à-dire sans aucun apport, et qui plus est sans fournir de documentation sur les revenus de l'emprunteur[16] ! Les banques commerciales ont été d'autant plus enthousiastes à proposer ce type bien étrange d'emprunt immobilier pour deux raisons : d'une part, elles prêtaient de l'argent qui venait d'être créé par la Federal Reserve, et d'autre part, elles pouvaient revendre ces créances à Freddie Mac et Fannie Mae qui allaient ensuite les titriser, c'est-à-dire les transformer en dérivés de crédit. Rappelons que lorsqu'une banque revend ses créances à un tiers, ces dernières disparaissent des comptes de la banque qui dès lors n'a plus à se soucier du risque associé à ces créances.

Comme nous le savons, tout cela s'est très mal terminé avec l'éclatement de la bulle immobilière et des dérivés de crédits dont nous payons encore le prix aujourd'hui.

5 – La crise japonaise des années 1990

La bulle de l'Internet et la bulle jumelle de l'immobilier et des dérivés de crédit ont illustré la pertinence de la théorie autrichienne du cycle des affaires. Dans ces deux cas, la politique monétaire ultra accommodante de la banque centrale américaine a provoqué une expansion économique factice, s'accompagnant de la création d'une bulle d'actifs - actions et tout particulièrement les actions des sociétés de l'Internet pour la

[16] Les « *undocumented mortgage loans* », c'est-à-dire les prêts immobiliers ne nécessitant aucune documentation relative aux revenus et à la situation professionnelle de l'acquéreur se sont fortement développés durant la bulle immobilière. Il va sans dire que les taux de ces prêts étaient beaucoup plus élevés - *subprime* - que les taux des prêts immobiliers traditionnels.

première, immobilier et dérivés de crédit pour la seconde - . Ces deux bulles se sont constituées aux Etats-Unis au cours des décennies 1990 et 2000.

Les années 1980 ont été le théâtre d'un boom financé en partie par une politique monétaire expansionniste au Japon et débouchant sur un double krach des marchés actions et de l'immobilier au début des années 1990. L'indice boursier japonais, le NIKKEI, a enregistré une chute vertigineuse : il est passé de 40 000 points à la fin 1989 à environ 15 000 points en 1992 ! L'effondrement des prix de l'immobilier est encore plus spectaculaire : ils ont fondu de 80% entre 1991 et 1998 ! Le gouvernement japonais a tout fait pour empêcher la nécessaire liquidation des investissements injustifiés entrepris durant l'expansion artificielle financée par un crédit bon marché durant les années 1980. Les taux d'intérêt ont été maintenus à des niveaux incroyablement bas, jusqu'à 0%. Le processus de rééquilibrage du système productif n'a ainsi pas pu être mené jusqu'à son terme, maintenant l'économie japonaise dans une quasi dépression sur l'ensemble de la décennie 1990. Les secteurs qui ont été le plus durement touchés durant cette dépression illustrent la pertinence de la théorie autrichienne. En effet, selon celle-ci, ce sont les secteurs les plus intensifs en capital ainsi que les secteurs des biens d'équipement qui sont le plus impactés dans une récession faisant suite à une phase d'expansion artificielle financée par des taux d'intérêt artificiellement bas. Les secteurs miniers, manufacturiers sont très intensifs en capital alors que les secteurs de biens de consommation et de services le sont moins. Les données nous montrent que ce sont précisément les secteurs les plus éloignés du consommateur final et les plus intensifs en capital qui ont été les plus durement touchés par la dépression[17].

---

[17] L'article de Benjamin Powell (2002) le met clairement en évidence.

Le gouvernement japonais et la banque centrale nippone se sont lancés dans un programme de relance gigantesque qui n'a fait que maintenir l'économie japonaise dans un marasme économique. Ainsi, le gouvernement japonais avait mis en place un fonds de garantie de 200 milliards de dollars afin de soutenir des sociétés qui auraient dû faire faillite. L'objectif de ce fonds fut de maintenir à flot des firmes qui auraient dû être liquidées durant la phase de récession afin de libérer les ressources productives qu'elles n'avaient pas su utiliser correctement. Les sociétés rentables, reposant sur des modèles économiques sains, se sont retrouvées ainsi en compétition pour l'acquisition de ressources productives rares avec des sociétés en situation de faillite et maintenues en vie par une intervention publique massive. Le processus de réallocation des ressources productives, qui doit se déployer durant une récession pour corriger les investissements accumulés durant le boom, a été enrayé. La banque centrale a quant à elle maintenu les taux d'intérêt à 0% durant toute la décennie 1990. Les marchés financiers ont ainsi été inondés de liquidités pour tenter d'enrayer la baisse du prix des actifs. Des mesures supplémentaires ont été mises en place pour maintenir le prix des actions au-delà d'un seuil choisi arbitrairement par les pouvoirs publics nippons. Le gouvernement japonais rachetait des actions de certaines entreprises cotées lorsque l'indice du NIKKEI descendait en deçà d'un certain seuil.

En outre, le gouvernement japonais a entrepris près de 10 plans de relance durant les années 1990 pour un coût total de 1000 milliards de dollars. Ces tentatives de relance de l'économie n'ont en aucune manière permis d'accélérer le rythme de croissance de l'économie japonaise. Selon la théorie autrichienne, ces politiques étaient vouées à l'échec dans la mesure où elles constituaient un frein au processus de réallocation des ressources indispensables durant la phase de récession. En effet, le gouvernement japonais a englouti 1000 milliards de dollars qui auraient pu être alloués différemment ! Le coût de ces plans de relance a été exorbitant pour la dette japonaise : celle-ci a dépassé les 200% du PIB à la fin des années 1990. Elle se situe à près de 255% du PIB aujourd'hui ce qui fait du Japon une bombe à retardement financière qui n'attend qu'une étincelle pour exploser.

Le cas japonais est des plus intéressants : il illustre parfaitement qu'une politique de taux d'intérêt artificiellement bas débouche sur une expansion économique artificielle accompagnée de la création de bulles d'actifs. L'explosion de ces bulles plonge l'économie dans une phase de récession indispensable pour purger l'économie des investissements injustifiés entrepris durant le boom. La récession est donc la solution aux dégâts provoqués par la croissance artificielle financée par une dette abondante et bon marché.

Il nous montre également que la poursuite d'une politique monétaire ultra accommodante accompagnée de plans de relance massifs, en empêchant la réallocation des ressources et la liquidation des investissements injustifiés, ne fait que prolonger l'économie dans une phase de récession stérile. C'est sans doute l'élément le plus intéressant de l'exemple japonais, tant il remet en cause la croyance aussi tenace que fausse en la capacité de la relance monétaire et budgétaire à sortir une économie d'une phase de récession post boom, c'est-à-dire une phase de fausse croissance, de croissance bidon gonflée à coup d'injections massives de dette. Le Japon a tout essayé durant les années 1990 pour relancer une économie ravagée par l'éclatement d'une bulle immobilière et des marchés actions. Non seulement l'économie japonaise n'a pas été relancée mais qui plus est, le gouvernement japonais a accumulé une dette record qui constitue un risque évident pour la stabilité de l'économie japonaise. S'il est vrai que le gouvernement japonais a pu pour l'essentiel emprunter auprès des ménages japonais et ce à des taux très faibles, le vieillissement de la population japonaise va inéluctablement réduire le stock d'épargne dans lequel le trésor japonais a abondamment puisé au cours de ces 20 dernières années. La corde sur laquelle l'Etat nippon a tiré depuis si longtemps risque alors de se rompre !

6 – Quand Hayek rencontre Minsky

Notre objectif est de montrer, en nous appuyant sur la théorie autrichienne du cycle des affaires, que la politique monétaire a une influence significative sur l'instabilité des marchés de capitaux en contribuant à la création de bulles spéculatives. Minsky a montré que les marchés financiers recélaient en eux-mêmes les ferments de l'instabilité, étant donné la manière dont la demande pour les actifs financiers réagit au prix. Plus le prix d'un actif financier augmente, plus la demande pour cet actif augmente. Ainsi, la demande augmente lorsque le prix augmente, à la différence de ce que l'on observe sur la plupart des autres marchés. Cet effet de rétroaction positif – la hausse du prix d'un actif entraîne une hausse de la demande pour cet actif, ce qui en retour augmente le prix de cet actif augmentant sa demande et ainsi de suite – est un puissant facteur de déstabilisation pour les marchés de capitaux. L'analyse développée par Minsky a également mis en lumière que cette instabilité était d'autant plus forte que les investisseurs recouraient à la dette (financement spéculatif ou financement de type Ponzi). Ainsi, plus les marchés financiers sont animés par des investisseurs utilisant des financements reposant sur des niveaux d'endettement élevés, plus le système financier devient instable, cette instabilité pouvant déboucher sur une crise de grande ampleur. La théorie autrichienne du cycle des affaires rejoint la vision de Minsky en ce sens qu'une politique monétaire baissant les taux d'intérêt de manière artificielle va favoriser le recours à l'emprunt dans l'ensemble de l'économie mais également sur les marchés de capitaux favorisant la création de bulles spéculatives. D'aucuns considéreront que d'associer Minsky, un économiste postkeynésien favorable à une régulation très stricte des marchés financiers et au rôle régulateur des pouvoirs publics, et Hayek, un des plus éminents représentants de l'école autrichienne d'économie qui met en avant la capacité des marchés à trouver des solutions d'équilibre sans recourir à la régulation et dénonce les réglementations étatiques comme autant d'entraves au bon fonctionnement des marchés, peu paraître incongru. Cependant, force est de reconnaître que leurs visions se rejoignent sur le rôle néfaste joué par l'endettement dans la constitution de bulles financières et la déstabilisation du système financier.

Or, le phénomène marquant de ces trois dernières décennies est bien la croissance du niveau d'endettement de *l'ensemble* des acteurs économiques : état, ménages, entreprises non financières et entreprises financières. Lorsque l'on additionne l'ensemble des dettes portées par ces différentes entités économiques, on obtient pour certaines nations des niveaux d'endettement considérables. C'est un véritable super cycle d'endettement qui s'est développé, notamment au cœur des économies les plus avancées, et qui a sans doute atteint son niveau maximal aujourd'hui.

CHAPITRE 3

La somme de toutes les dettes

La crise des dettes souveraines au sein de la zone euro a mis en lumière l'endettement croissant des états. Tout à coup, nous prenons conscience que les états peuvent faire défaut sur la dette qu'ils ont accumulée. Cependant, la crise des dettes souveraines ne doit pas masquer l'endettement croissant de *l'ensemble* des acteurs économiques - ménages, entreprises non financières, entreprises financières et pouvoirs publics - au cours des trente dernières années. C'est la somme de toutes les dettes dont il faut tenir compte pour brosser un tableau réaliste de la situation économique des différentes nations. Cette croissance de l'endettement global est tout à fait cohérente avec les politiques monétaires ultra accommodantes qui ont été mises en place depuis le milieu des années 1980, tout particulièrement par la banque centrale américaine. Elle est également un facteur de déstabilisation financière. Minsky et Hayek se rejoignent sur ce point : une croissance factice financée par un recours de plus en plus massif à l'endettement est susceptible d'engendrer des bulles spéculatives qui déboucheront inéluctablement sur des krachs provoquant des dégâts économiques considérables.

Nous sommes sans doute arrivés au terme de ce super cycle d'endettement puisque même les états, en tout cas certains d'entre eux, sont aujourd'hui allés à l'extrême limite de ce qu'ils pouvaient supporter en terme de dette.

1 – Le grand cycle d'endettement

A la fin des années 1970, la plupart des nations avancées et des pays émergents étaient confrontés à des taux d'inflation à deux chiffres. L'inflation élevée avait parfois dégénéré en hyperinflation, notamment au Brésil et en Argentine avec des taux d'inflation dépassant plusieurs centaines de pourcents par année.

La décennie 1980 a été celle de la désinflation avec la mise en place de politiques monétaires restrictives. Les politiques de désindexations salariales[18] furent mises en œuvre et les banques centrales n'hésitèrent pas à engager des hausses de taux d'intérêt afin de ralentir la progression de la masse monétaire et ainsi de freiner la hausse des prix. Paul Vocker, directeur de Federal Reserve de 1979 à 1987, a été le symbole des politiques monétaires restrictives mises en place à cette époque. Le taux d'inflation aux Etats-Unis est ainsi passé de 13,5% en 1981 à 3,2% en 1983 durant son mandat à la tête de la banque centrale américaine.

La donne monétaire a évolué avec le très long mandat d'Alan Greenspan à la tête de la Fed et de son successeur actuel, Ben Bernanke. La banque centrale américaine a déployé depuis la fin des années 1980 une politique monétaire plus accommodante dans un contexte de dérégulation financière. Cette dernière s'est accompagnée de nombreuses innovations, notamment l'apparition de nouveaux produits financiers comme les dérivés de crédit et le développement des marchés à terme et des marchés d'option. Cette phase d'innovation financière a été nourrie par une politique monétaire devenue durablement plus

[18] Un politique de désindexation salariale consiste à rompre l'ajustement automatique entre la hausse des prix - mesurée par le taux d'inflation - et la hausse des rémunérations salariales. Ainsi, si l'inflation progresse de 3,5 % sur un an, l'indexation salariale aboutit à une augmentation des salaires de 3,5%.

souple, c'est-à-dire caractérisée par des taux d'intérêt très bas et une croissance de la masse monétaire plus rapide que la croissance du PIB. Une dette abondante et bon marché a permis à de nombreux investisseurs institutionnels - banques d'affaires, fonds d'investissement et hedge-funds - de miser des sommes de plus en plus importantes sur ces nouveaux produits financiers. C'est en effet dans ce contexte très particulier que l'industrie des hedge-funds s'est développée. Ces fonds spéculatifs prennent des positions risqués sur les marchés en recourant à un effet de levier - endettement - très élevé. Ainsi, un hedge-fund mise 1 euro de ses fonds propres combiné à 20 ou 30 euros de dette - effet de levier de 20 ou 30 -. Seule une dette bon marché rend ce type de montage financier rentable. L'univers du capital investissement - private equity - a connu la même évolution. Les fonds de capital investissement investissent dans des entreprises qui ne sont pas cotées sur les marchés financiers, à la différence des fonds d'investissement classiques. Ils partagent néanmoins le même objectif : faire des plus-values conséquentes pour offrir aux investisseurs une rémunération élevée. Les premiers réalisent des plus-values en misant sur des produits financiers qui sont négociés sur les marchés de capitaux, les seconds en revendant des parts de société à d'autres investisseurs. Un montage financier recourant à l'endettement ou effet de levier s'est répandu dans les fonds de capital investissement : le rachat d'entreprise avec effet de levier ou Leverage Buy-Out. L'objectif des fonds LBO est de racheter une société en finançant son acquisition par un endettement très significatif, typiquement représentant entre 65 et 85% du prix de la firme rachetée, pour la revendre après l'avoir restructurée à un prix plus élevé. Le segment des fonds LBO s'est développé de manière spectaculaire ces trente dernières années grâce à un carburant abondant et bon marché : la dette.

Les banques centrales, notamment la Federal Reserve, ont été d'autant plus complaisantes dans la conduite de leur politique monétaire que le taux d'inflation est resté très modéré durant cette période. Comment expliquer le paradoxe d'une croissance de la masse monétaire plus rapide que la croissance du PIB ne débouchant pas sur une accélération du taux d'inflation ?

1 -1 L'impact de la Chine et de L'Inde

L'arrivée de la Chine et de l'Inde dans l'organisation mondiale du commerce a provoqué un choc macroéconomique sur le plan mondial. Le stock de main-d'œuvre bon marché s'est subitement accru, offrant aux firmes des pays avancés l'opportunité de faire fabriquer les produits manufacturés et de rendre des services[19] en puisant dans cet immense réservoir de travail à bas coût : l'essor spectaculaire des délocalisations en est la parfaite illustration.

Ces deux immenses nations ont ainsi contribué à faire baisser les coûts de production tant dans le domaine de la production manufacturière que dans celui des services. Par ailleurs, des firmes chinoises et indiennes ont émergé et contribué à intensifier la concurrence sur les marchés des pays les plus avancés. La conjonction d'une baisse des coûts de production par le recours massif aux délocalisations et d'une concurrence de plus en plus intense en provenance de Chine et d'Inde a entraîné une baisse des

---

[19] Le gisement de main d'œuvre chinoise et indienne n'a pas été seulement utilisé pour des activités de fabrication mais également pour des activités de services. Ainsi, les firmes américaines et britanniques ont-elles abondamment utilisé le réservoir de travail indien pour assurer des prestations de services - centres d'appels, développement logiciel, etc. - rendues aux Etats-Unis ou au Royaume-Uni.

prix des biens de grande consommation, notamment aux Etats-Unis et en Europe.

En revanche, l'impact de l'essor économique chinois et indien a eu l'effet inverse sur les prix des matières premières. En effet, la croissance exceptionnelle de ces deux nations, représentant à elles seules un tiers de l'humanité, a consommé de plus en plus de matières premières telles que le pétrole, le cuivre et le zinc, ce qui a enclenché une hausse impressionnante de leur prix.

Or, la banque centrale américaine est très attentive à l'évolution de l'inflation de base - core inflation - qui est essentiellement structurée autour de biens de grande consommation *à l'exclusion* de l'énergie, dont le coût est essentiellement basé sur le pétrole, et des denrées alimentaires. La Fed a donc considéré que la hausse des prix - core inflation - était très modérée et qu'il n'y avait ainsi aucune raison de resserrer la politique monétaire en freinant la croissance de la masse monétaire.

La banque centrale américaine a continué à inonder les marchés de liquidités favorisant la création de bulles spéculatives, dans un premier temps sur le marché des actions - bulle Internet - puis sur le marché de l'immobilier et des dérivés de crédit.

1 - 2 La hausse de l'endettement global aux Etats-Unis

Le niveau d'endettement global des Etats-Unis a connu une envolée spectaculaire depuis les années 1950. Si l'on ajoute les dettes détenues par l'ensemble des acteurs économiques - pouvoirs publics, ménages, institutions non financières et institutions financières - le niveau d'endettement global américain est passé d'environ 145% du PIB en 1953 à plus de 360% du PIB aujourd'hui selon le McKinsey Global Institute[20]. L'endettement global a ainsi plus que doublé sur cette période !

La progression de l'endettement fut dans un premier temps modérée : en 1983 l'endettement global américain atteint le niveau de 200% du PIB. C'est donc à partir de la décennie 1980 que la progression de l'endettement global américain s'est accélérée passant de 200% du PIB à 350%. Comment rendre compte d'une accélération aussi phénoménale de l'endettement ? L'explication la plus convaincante se trouve dans le changement de politique monétaire intervenue avec l'arrivée à la tête de la banque centrale américaine d'Alan Greenspan. La Fed a fait croître la masse monétaire beaucoup plus rapidement que le PIB, favorisant le recours à l'emprunt comme une solution commode pour investir et consommer. Par ailleurs, les innovations financières rendues possibles par la déréglementation du secteur financier ont donné aux investisseurs l'illusion que cette croissance effrénée de la dette ne représentait pas un risque majeur pour l'économie. Les nouveaux produits financiers, notamment les dérivés de crédit, ont été perçus comme des outils permettant de mieux diversifier les risques. Plutôt que de faire porter le risque de crédit lié à un prêt immobilier à une seule institution, une banque par exemple, il sera, grâce à la titrisation, assumé par un très grand nombre d'investisseurs à la fois : chaque investisseur ne prenant en charge qu'une fraction du risque de crédit initial. La titrisation, en favorisant la diversification des risques, réduit le risque que chaque acteur économique assume individuellement. Ce que les concepteurs de ces produits financiers n'ont pas anticipé, c'est que la diffusion des innovations financières allait *encourager* les *investisseurs*

---

[20] Ces chiffres tiennent compte des encours de dérivés de crédits (Asset Backed Securities et Mortgage Backed Securities). Sans ces derniers la dette totale américaine atteint 279% du PIB.

à prendre plus de risques ! L'innovation financière a changé le comportement des investisseurs : rassurés par la sécurité des produits financiers dans lesquels ils investissent, ils sont davantage enclins à prendre plus de risque pour augmenter le retour sur investissement de leurs opérations financières.

Cette prise de risque a également été encouragée par deux autres facteurs : les très faibles taux d'intérêt, conséquences de la politique monétaire très accommodante de la Federal Reserve et l'assurance que la banque centrale interviendrait pour renflouer une banque ou un fonds d'investissement de très grande taille[21].

En effet, dès lors que les taux d'intérêt sont très bas, les investisseurs sont contraints de rechercher des placements plus risqués pour obtenir un rendement plus élevé. C'est tout particulièrement le cas pour les investisseurs institutionnels de type fonds de pension ou gérants de SICAV. Ces investisseurs ont généralement des stratégies d'investissement conservatrices qui consistent à investir sur des produits financiers peu risqués. Lorsque les taux d'intérêt sont trop faibles, les placements conservateurs ne paient plus. Ces grands investisseurs sont donc contraints de se positionner sur des titres financiers plus risqués afin d'être en mesure d'offrir un rendement décent aux épargnants. C'est ainsi que la baisse des taux d'intérêt

---

[21] Les institutions financières de très grande taille sont ainsi considérées comme « too big to fail », c'est-à-dire trop grandes pour faire défaut. En effet, elles représentent un risque systémique pour l'ensemble des marchés de capitaux : la défaillance d'une institution financière majeure entrainerait une réaction en chaine dans l'ensemble du système financier, sous la forme d'une cascade de faillites d'autres banques, compagnies d'assurance et fonds d'investissement associés à cette firme « too big to fail » en lui ayant prêté de l'argent par exemple. Si la société « too big to fail » fait défaut, les sommes qui lui ont été prêtées ne seront jamais remboursées, ce qui est susceptible de provoquer la faillite des créanciers.

déforme les stratégies d'investissement en favorisant la prise de risque, y compris pour les investisseurs les plus conservateurs : tous les investisseurs prennent plus de risques en même temps ce qui contribue à exacerber l'instabilité du système financier.

L'assurance que la banque centrale portera secours à une grande institution financière en cas de graves difficultés est une incitation à la prise de risques évidente. Les grandes institutions financières sont encouragées à s'enhardir car si la prise de risques s'avère payante, elles engrangeront d'énormes profits ; si au contraire le pari se solde par des pertes catastrophiques mettant en danger la survie même de l'établissement financier, la banque centrale américaine le renflouera. A l'évidence, il s'agit d'un système d'incitation des plus pervers puisque les gains relatifs à la prise de risque sont privatifs : ce sont des profits qu'empocheront la banque et ses actionnaires - alors que les pertes sont socialisées - c'est la banque centrale américaine avec l'éventuel renfort du contribuable américain qui paiera la note ! Dans ce type de système, prendre des paris de plus en plus audacieux est toujours rentable !

On perçoit qu'un mélange des plus explosifs de recours massif à l'endettement et de prise de risques accrue s'est mis en place ces trente dernières années, provoquant deux déflagrations majeures avec l'éclatement de la bulle Internet, de la bulle de l'immobilier et des dérivés de crédit. La prochaine explosion financière sera-t-elle d'une plus grande violence encore que celle de 2008 ?

2 – Comment sortir de ce grand cycle d'endettement ?

Le grand cycle d'endettement ne se limite pas qu'aux Etats-Unis. Il touche l'ensemble des pays avancés à des degrés divers. Nous nous intéresserons au cas du Royaume-Uni dont le taux d'endettement global dépasse les 950% du PIB selon Haver Analytics, une société de recherche travaillant pour Morgan Stanley ! Quant à la France, son taux d'endettement global est assez proche de celui des Etats-Unis, même si la structure de cet endettement est assez différente : la dette des ménages est en France moins élevée qu'aux Etats-Unis. Selon un rapport de la BRI (Banque des Règlements Internationaux) publié en mars 2014, l'encours de dette mondial a franchi le cap des 100 000 milliards de dollars. La dette mondiale a ainsi été multipliée par 2,5 en moins de 12 ans (40 000 milliards de dollars en 2000, 70 000 milliards de dollars en 2007). Il convient de relever que les chiffres de la BRI ne tiennent pas compte de l'endettement des ménages mais seulement de la dette des Etats, des entreprises non financières et des entreprises financières. Le grand cycle d'endettement est un fait qui a pris des proportions inquiétantes au niveau mondial.

Quelles que soient les différences, la plupart des pays avancés sont confrontés au même défi d'un endettement global qui est devenu trop lourd. Nous sommes sans doute arrivés au terme de ce grand cycle d'endettement puisque certains états se trouvent fragilisés par une dette massive qu'il est de plus en plus difficile de financer.

Nous essaierons d'esquisser les pistes que les états peuvent emprunter pour sortir de l'ornière. Nous montrerons qu'il n'existe pas de bonnes solutions mais que des mauvaises ! Toutes les pistes possibles s'accompagneront nécessairement de coûts d'ajustement considérables, il n'y a aucune solution de facilité pour sortir du grand cycle d'endettement, absolument aucune !

Pour l'illustrer, nous porterons notre attention sur deux cas emblématiques : les pays de la périphérie de la zone euro et le Royaume-Uni.

2 - 1 La périphérie de la zone euro

De manière évidente, l'Europe n'est pas une nation. Elle s'est structurée autour d'institutions supra nationales comme la commission européenne ou le parlement européen. Le projet européen, qui enthousiasme certains et laisse sceptique beaucoup d'autres, s'est cristallisé autour de la création d'une monnaie unique, l'euro, rassemblant un ensemble de nations très différentes les unes des autres tant en terme macroéconomique - compétitivité, dotations en facteurs de production, coût de l'énergie, etc. - qu'en terme culturel. La création de la zone est une première mondiale : des nations ont pris la décision de renoncer à leur monnaie nationale pour la fondre dans une nouvelle monnaie supranationale. Si aujourd'hui il apparaît évident qu'une monnaie corresponde à une nation, la zone euro apparaissant dès lors comme une anomalie vouée à l'échec pour les uns ou une innovation monétaire porteuse d'un avenir meilleur pour les autres, cela n'a pas toujours été le cas. Ainsi durant toute la période du Moyen-âge et jusqu'au XVIIIe siècle, des monnaies privées ont circulé en Europe.

Pour que l'expérimentation économico-technocratique de la monnaie unique puisse réussir, les différents états de la zone euro se sont engagés à converger sur le plan macroéconomique - critères de Maastricht - de manière à réduire l'hétérogénéité de cette zone monétaire. Comme nous le savons aujourd'hui, ces critères n'ont pas été respectés. Pis, la zone euro, dix ans après sa création, est devenue beaucoup plus hétérogène, notamment en termes de compétitivité. L'écart entre le cœur de la zone, notamment l'Allemagne, et sa périphérie - Portugal, Irlande, Italie, Grèce et Espagne - s'est accru au point de remettre en question la viabilité même de la zone euro. Celle-ci est entrée dans une crise de grande ampleur peu de temps après l'éclatement de la crise financière de 2008.

Très vite, la Grèce s'est retrouvée dans l'incapacité de faire face à ses engagements financiers. La dette grecque doit être restructurée tandis que le gouvernement grec, sous la pression de la troïka - Fonds Monétaire International, Banque Centrale Européenne et Commission Européenne - s'engage dans une politique d'austérité d'une sévérité extrême. Par effet de contagion, les autres nations de la périphérie de la zone se retrouvent en grande difficulté pour se financer sur les marchés. Le Portugal et l'Irlande furent touchés les premiers, obligeant les dirigeants européens à mettre en place dans l'urgence des mécanismes de stabilisation afin d'éviter un éclatement de la zone. L'onde de choc a très vite touché l'Espagne et l'Italie dont les rendements à maturité[22] se sont envolés, notamment en 2010.

La zone euro n'a cependant pas éclaté tant est forte la volonté des Etats membres de maintenir l'intégrité de la monnaie unique *quoi qu'il en coûte*.

La zone euro n'est pas une zone monétaire optimale

Robert Mundell, prix Nobel d'économie, a défini les critères d'une zone monétaire optimale. Selon lui, une zone monétaire est optimale si elle remplit les quatre conditions suivantes :

- mobilité du capital et du travail
- flexibilité des salaires et des prix
- cycles économiques similaires

[22] Le rendement à maturité d'une obligation mesure le taux d'intérêt requis par le marché - investisseurs - pour qu'il accepte de prêter à l'émetteur de l'obligation. Ainsi, lorsque que le rendement à maturité d'un bon du trésor espagnol - obligation émise par le trésor espagnol – augmente, cela signifie que le trésor espagnol devra emprunter à des taux plus élevés lorsqu'il émettra de nouvelles obligations.

- transferts fiscaux au sein de la zone de manière à atténuer les chocs que pourraient encaisser des régions spécifiques.

La zone euro se caractérise par une forte mobilité du capital mais une mobilité très faible du travail. Les chômeurs français ne vont pas chercher du travail en Allemagne ou en Finlande ! La flexibilité des prix n'est pas présente dans tous les secteurs et dans tous les pays de la zone. Il existe encore de nombreux secteurs dont les prix sont réglementés et donc peu flexibles, même si la politique de la Commission Européenne a pour ambition de tendre vers davantage de flexibilité pour l'ensemble des secteurs. La flexibilité des salaires est quant à elle très limitée dans la plupart des pays de la zone - existence d'un salaire minimum, de conventions collectives spécifiant les niveaux de rémunération pour certaines professions, etc. -. La politique européenne a également pour objectif de tendre vers plus de flexibilité des salaires. Les réformes structurelles qui doivent être entreprises dans les nations de la périphérie de la zone mais également en France se focalisent sur la réforme du marché du travail qui dans ces pays est considéré comme trop rigide - flexibilité des salaires trop faible -.

Surtout, il n'y a pas de transferts fiscaux permettant aux régions de la zone affectées par un choc économique de grande ampleur d'en amortir les conséquences financières et sociales. Mettre en place des transferts fiscaux pour l'ensemble de la zone supposerait la création d'un gouvernement fédéral de l'Euroland doté de tous les attributs d'un Etat en matière de fiscalité - lever des impôts - et de dépenses publiques.

La monnaie unique est donc bien loin d'une zone monétaire optimale si l'on s'appuie sur les critères mis en avant par Mundell. En outre, il faudra sans doute plusieurs décennies et la création d'un Etat fédéral eurolandais pour qu'elle le devienne !

La zone euro est un simili étalon or

La monnaie unique, telle qu'elle existe aujourd'hui, ressemble en quelque sort à un étalon or. Bien entendu, l'euro n'est pas basé sur une quantité d'or fixe mais, comme dans un système monétaire de type étalon or, les ajustements nécessaires pour faire face à des chocs macroéconomiques se font pas des variations de prix (salaires, prix des biens et services) plutôt que par des variations du taux de change.

En d'autres termes, la monnaie unique favorise un ajustement déflationniste. C'est ce type d'ajustement qui est à l'œuvre en ce moment dans les pays de la périphérie de la zone euro et dans une moindre mesure en France. Le taux de chômage augmente massivement, notamment parce que la baisse des salaires réels n'est pas suffisamment rapide pour s'adapter à une forte baisse de la croissance. Cela étant, la baisse des salaires est en cours et elle est inéluctable. Elle est en quelque sorte consubstantielle à la logique de la monnaie unique dans un environnement récessif. L'analogie avec l'étalon or est d'autant plus pertinente que les pays de la zone n'ont quasiment aucun contrôle sur la politique monétaire qui est sous l'exclusive responsabilité de la banque centrale européenne. En d'autres termes, les pays de l'Euroland doivent rembourser une dette libellée en euros qu'ils ne peuvent pas monétiser : ils ne peuvent pas faire tourner la planche à billets pour rembourser leurs dettes. Les nations qui ont dû faire face à une dépression économique dans un système monétaire de type étalon or se sont retrouvées dans la même situation : elles devaient rembourser une dette libellée dans une monétaire gagée sur une quantité fixe d'or qu'elles ne pouvaient pas créer en faisant tourner la planche à billets. Il existe cependant une différence de taille entre un système monétaire de type étalon or et la monnaie unique européenne : s'il était possible à une nation de sortir totalement ou partiellement de l'étalon or - par exemple en diminuant la quantité d'or correspondante à une unité monétaire -, il est beaucoup plus compliqué de sortir de la zone euro. Aucune clause de sortie n'a été prévue lors de la création de la zone ! En définitive, le seul pays qui pourrait sortir de l'Euro sans créer de dommages trop importants à son économie est l'Allemagne, c'est-à-dire la nation qui est aujourd'hui la plus prospère.

La croissance factice des premières années de la monnaie unique : le cas des pays de la périphérie de la zone euro

En outre, les nations de la périphérie ont connu durant les premières années qui ont suivi la création de l'euro une très forte phase de croissance financée par une dette très bon marché, c'est-à-dire un boom artificiel qui ne pouvait que déboucher sur une crise très sévère.

En effet, l'onde de choc de la crise financière de 2008 s'est propagée jusqu'au cœur de la zone : certains états et notamment les nations méditerranéennes se retrouvent dans une situation économique désespérante et au bord du défaut de paiement. A l'évidence, pour ces nations, notamment la Grèce, l'euro a été un mirage : celui de la prospérité sans productivité.

Comment en est-on arrivé là ? Quels mécanismes ont été mis à l'œuvre pour amener plusieurs états nations européens à traverser une crise économique sans précédent depuis près d'un siècle, jusqu'à aller au bord de la faillite ?

L'objectif de notre analyse de la périphérie de la zone euro est triple : il s'agit dans un premier temps de mettre en lumière les raisons pour lesquelles les nations du sud de l'Europe ont été incitées à rejoindre la zone euro en dépit de leurs faiblesses macroéconomiques certaines ; ensuite nous mettrons en évidence le fait que la zone euro dans sa configuration actuelle est un mécanisme d'incitations poussant à une divergence grandissante entre les nations les moins compétitives et les plus compétitives ; enfin nous esquisserons quelques pistes pour sortir de la nasse dans laquelle les nations du sud de l'Europe semblent enferrées.

Les mirages de la fièvre de l'euro pour les nations de l'Europe du Sud

Avant la création de l'euro, le système monétaire européen mettait clairement en évidence de manière récurrente une tendance à la divergence sur le plan macroéconomique, notamment au sujet de la croissance de la masse monétaire entre les nations du Sud de l'Europe et l'Allemagne. Les politiques monétaires trop expansionnistes des nations méditerranéennes entraînaient des dévaluations monétaires régulières vis-à-vis du deutsche mark - DM -. Les dévaluations successives étaient ainsi interprétées comme des signaux d'une politique monétaire laxiste pratiquée au Sud. La création de l'euro, en se débarrassant du DM, permettait aux dirigeants des nations méditerranéennes de ne plus être en permanence comparés à l'Allemagne sur le plan des taux d'inflation et des taux de change. Les dévaluations fréquentes par rapport au DM illustraient les insuffisances des économies du Sud de l'Europe au regard de l'Allemagne : une politique de création monétaire plus expansionniste entraînant un taux d'inflation plus élevée et de manière récurrente une dévaluation monétaire. Ces dévaluations étaient aussi un moyen de tenter de réduire l'écart de compétitivité qui séparait les nations méditerranéennes de l'Allemagne, c'est un point sur lequel nous reviendrons ultérieurement.

Une réduction du taux d'inflation

Les nations européennes, en rejoignant la zone euro, se sont arrimées à une monnaie bâtie sur le modèle du DM, c'est-à-dire une monnaie stable et peu inflationniste. En conséquence, les anticipations d'inflation dans les nations méditerranéennes ont baissé, ce qui a contribué à réduire le taux d'inflation effectif dans ces nations. En effet, lorsque les agents économiques anticipent une inflation plus faible, ils augmentent de manière marginale leurs encaisses monétaires, ce qui contribue à ralentir le taux d'inflation. C'est sans doute la raison pour laquelle la hausse du niveau général des prix a commencé à ralentir dans les pays du Sud de l'Europe avant même l'intégration dans la zone euro. La perspective de l'entrée dans la zone euro a en elle-même provoqué une baisse des anticipations inflationnistes facilitant l'atteinte des objectifs de taux d'inflation fixés lors des accords de Maastricht.

Des taux d'intérêt plus faibles

Un des avantages majeurs dont les nations du Sud de l'Europe ont pu bénéficier est la baisse des taux d'intérêt, notamment les taux des emprunts d'Etat. Les gouvernements de ces nations ont ainsi pu emprunter à des taux plus faibles pour financer leurs déficits budgétaires. En effet, les investisseurs rassurés par la garantie apportée par la zone euro se sont empressés d'acheter des bons du trésor émis par les nations périphériques, contribuant ainsi à faire baisser le rendement à maturité. Cette baisse des taux a constitué une manne importante : ainsi l'Italie s'acquittait d'environ € 110 milliards d'intérêt sur sa dette en 1996 contre un peu moins de € 79 milliards en 1999.

Les taux d'intérêt des emprunts d'état des nations du Sud de la zone euro ont baissé pour au moins deux raisons. Tout d'abord, les taux d'intérêt ont baissé en parallèle à la baisse des anticipations d'inflation. Au début de sa création, la zone euro était considérée comme une extension du DM à l'ensemble des pays membres. Ces derniers bénéficiaient en quelque sorte d'une prime de qualité entraînant une baisse des taux d'intérêt au bénéfice des nations périphériques. En second lieu, la prime de risque portant sur les emprunts d'état des nations du Sud de la zone s'est considérablement réduite par rapport à l'Allemagne. En d'autres termes, l'écart de taux d'intérêt sur des emprunts obligataires de maturité comparable entre les pays du Sud et l'Allemagne s'est considérablement réduit. L'entrée dans la zone euro était perçue comme une étape vers un processus d'intégration politique plus avancée : la durée de vie de l'euro était donc envisagée sur un horizon infini. Les principaux acteurs financiers anticipaient ainsi qu'en cas de problèmes graves pour certains pays de la zone, les nations les plus riches de la zone interviendraient si nécessaire pour renflouer les nations les plus faibles. Cette garantie implicite sur les dettes des pays périphériques de la zone euro a permis de réduire de manière considérable le risque de défaut de ces nations et donc de payer des taux d'intérêt plus faibles. C'est cette garantie, implicite lors de la création de la zone, devenue beaucoup plus explicite aujourd'hui, qui a permis à certaines nations d'emprunter à des taux beaucoup plus bas que ce que leur réel risque de défaut (notamment mesuré par les ratios dette/PIB et déficit budgétaire/PIB) ne les aurait autorisé. C'est ainsi que les *spreads* (écarts de taux) entre l'Allemagne et les nations périphériques se sont réduits jusqu'au déclenchement de la crise financière de 2008. La baisse des taux d'intérêt au bénéfice des nations périphériques ne s'est pas limité aux seuls emprunts d'état et s'est répandu à l'ensemble des taux d'intérêt, et ce sans que les taux d'épargne n'aient augmenté. Cette baisse des taux a ainsi entrainé une hausse des prix de l'immobilier. En effet, le crédit immobilier était devenu moins cher rendant l'acquisition d'un bien immobilier plus abordable et alimentant ainsi le processus de hausse des prix. Il est à noter que la hausse du marché immobilier, alimentée par un recours massif au crédit bon marché, a entrainé une hausse de la croissance et de la prospérité dans les nations périphériques. La bulle immobilière a en effet tiré tout un ensemble de secteurs d'activités liés à la construction et à l'immobilier. Cette prospérité était cependant bien fragile puisqu'elle reposait sur un financement à crédit à des taux très bas.

Davantage d'importations et plus de prospérité

Les nations du Sud ayant rejoint l'euro ont donc bénéficié d'une devise forte, ce qui leur a permis d'importer davantage de biens et de services. Le pouvoir d'achat de l'euro s'est révélé largement supérieur à celui des devises nationales régulièrement dévaluées par le passé, d'autant plus que l'euro s'est apprécié durant les premières années de son existence vis-à-vis de la plupart des grandes devises internationales, notamment le dollar américain.

Penchons-nous un instant sur le mécanisme qui prévalait en Europe avant la mise en place de l'euro. L'Allemagne dégageait des excédents commerciaux importants notamment vis-à-vis de ses principaux partenaires européens, étant donné la compétitivité de son économie ainsi qu'une spécialisation internationale axée sur les biens à forte valeur ajoutée. Grâce à un taux d'épargne élevé et une forte profitabilité des PME germaniques, l'économie allemande disposait de moyens élevés pour investir, augmentant ainsi la productivité du tissu industriel d'outre-Rhin. Cette hausse continuelle de la productivité allemande avait tendance à augmenter les excédents commerciaux, ce qui en retour amenait à une appréciation du DM. Cette appréciation continuelle du

DM rendait les importations allemandes meilleurs marchés et contribuaient ainsi à améliorer le niveau de vie de la population allemande. Cette appréciation du DM rendait également le tourisme en dehors de l'Allemagne plus abordable pour les consommateurs. Il baissait également le prix des actifs industriels dans les pays voisins pour les investisseurs allemands. Ce qu'il faut souligner c'est que le mécanisme d'appréciation du DM permettait également de réduire le déficit de compétitivité dont souffraient les nations du Sud de l'Europe. L'appréciation du DM, c'est-à-dire la dévaluation des autres monnaies européennes notamment au Sud, contribuait à déprécier les coûts de production au Sud et à les apprécier en Allemagne. Ainsi, ces mouvements monétaires permettaient de réduire les écarts de compétitivité entre l'Allemagne et les pays d'Europe du Sud.

La mise en place de l'euro a interrompu ce mécanisme. Le différentiel de compétitivité, ne pouvant plus être comblé, même en partie, par un mouvement des taux de change, s'est donc considérablement accru après la mise en place de l'euro. En effet, selon les statistiques de la BCE (2010) la compétitivité des nations méditerranéennes de la zone euro s'est dégradée de 2002 à 2009. La compétitivité est mesurée par le coût unitaire du travail. Sur cette période, la compétitivité de la Grèce, de l'Espagne et de l'Italie s'est dégradée respectivement de 11,3%, 11,2% et 9,4% alors que la compétitivité allemande s'est améliorée de 13,7%. L'écart de compétitivité s'est ainsi aggravé de près de 25% en l'espace de seulement 7 ans ! Loin d'observer une convergence macroéconomique, l'euro n'a fait qu'accentuer une divergence de compétitivité lourde de conséquences aujourd'hui.

Il est vrai que les nations du Sud de l'Europe étaient moins compétitives que l'Allemagne avant l'introduction de l'euro et ce pour plusieurs raisons : des marchés du travail peu flexibles conjugués à des secteurs d'activité peu concurrentiels ainsi qu'à de faibles investissements en capital. Cependant, les dévaluations successives des devises méditerranéennes permettaient à ces nations de regagner en compétitivité en conduisant à une baisse des salaires réels. Simultanément, les dévaluations rendaient les importations plus chères, ralentissant de ce fait leur progression.

La mise en place de l'euro a donc non seulement entrainé un processus de divergence de compétitivité marqué entre le Sud de la zone et l'Allemagne mais de surcroît un boom de la consommation dans les nations méditerranéennes. Les ventes de détail en Espagne ont augmenté de près de 20% entre 2000 et 2007, notamment par le biais des importations. Parallèlement, l'excédent commercial allemand a augmenté alors que les déficits commerciaux des pays du Sud de la zone se sont dégradés sur la période 2002-2007 (Eurostat, 2010).

De 2002 au déclenchement de la crise financière en 2008, un formidable boom de la consommation s'est développé au sein des nations méditerranéennes, favorisant la croissance et la prospérité. Cette prospérité, financée par un crédit facile et bon marché, s'est révélée illusoire si l'on observe la quasi dépression économique qui s'est abattue sur ces nations depuis 2009. Cette illusion a été renforcée durant près d'une décennie par l'effet de richesse lié à la flambée des prix de l'immobilier dans l'Europe du Sud : parce que les consommateurs du Sud de l'Europe se sentaient plus riches, étant donné la hausse de leur patrimoine immobilier. Ils acceptaient, de concert avec leurs banquiers, de s'endetter davantage pour consommer plus et investir dans des biens immobiliers toujours plus onéreux. Cette spirale de croissance financée à crédit s'est brutalement interrompue en 2009 alors que la crise financière se propageait en Europe.

Une redistribution monétaire au profit du Sud de la zone euro

La création de l'euro n'a pas eu pour conséquence une croissance homogène de la masse monétaire sur l'ensemble de la zone. Celle-ci a été beaucoup plus vigoureuse au sein des nations méditerranéennes. Les statistiques des banques centrales membres de la zone euro portant sur l'agrégat M3 le montrent clairement. La croissance de la masse monétaire a été positive et forte de 2002 à 2008 pour les nations méditerranéennes et tout particulièrement l'Espagne, le Portugal, l'Italie et la Grèce (près de 10% par an), alors qu'elle a été beaucoup plus modérée en Allemagne (4 % par an en moyenne, seulement 2% en 2004). Ce différentiel de croissance de la masse monétaire a pris la forme d'une véritable « fièvre de l'euro » comparable à la « fièvre de l'or » qui gagna l'Espagne conquérante du XVIe et XVIIe siècles. Cette fièvre de l'euro s'est accompagnée pour les pays du Sud de la zone d'un boom des importations et de la consommation et du développement d'une bulle immobilière sans précédent, alors même que la productivité de ces nations décrochait notamment vis-à-vis de l'Allemagne. Les nations du Sud de l'Europe se sont donc habituées à un niveau de consommation en total décalage avec leur niveau de compétitivité et ce pendant près de 7 ans. C'est bel et bien une croissance de la masse monétaire beaucoup plus rapide au Sud de la zone qui a permis cette prospérité factice jusqu'en 2009.

Le monopole de la BCE concernant l'offre de monnaie

Comme toutes les banques centrales, la BCE jouit du monopole de l'offre de monnaie sur l'ensemble de la zone euro. Les instruments principaux utilisés pour réguler la production de monnaie sur l'ensemble de la zone sont les suivants : modification des réserves minimales que les banques du système monétaire doivent détenir, opérations d'intervention sur les marchés (open market) incluant les opérations à guichets ouverts et les opérations de facilités permanentes (possibilité pour les banques de déposer des fonds auprès de la BCE et d'emprunter auprès de la BCE). Remarquons que les opérations à guichet ouvert ont été utilisées à deux reprises en décembre 2011 pour un montant de 489 € milliards d'euros prêtés sur 3 ans à 1% et 530 € milliards en février 2012.

Concernant le premier instrument, le mécanisme fonctionne de la manière suivante : les banques doivent détenir des réserves à la BCE sur la base de leurs dépôts. Si par exemple pour € 100 déposés par un client, une banque de la zone doit placer € 3 sur son compte logé auprès de la BCE, elle pourra ainsi prêter € 97 à l'économie. En augmentant ou en réduisant les réserves que les banques doivent détenir à la BCE, cette dernière peut influencer la capacité des banques à prêter et donc contrôler l'offre de crédit. Les deux autres instruments sont plus fréquemment utilisés que le premier, notamment les opérations d'intervention sur les marchés (achats et ventes de titres sur les marchés par la BCE et opérations à guichets ouverts).

Ce n'est donc pas au niveau des instruments de gestion de la masse monétaire que transparaît la spécificité de la zone euro. La BCE gère la monnaie peu ou prou comme la plupart des autres banques centrales jouissant du même monopole. La spécificité de la zone euro est plus liée à la manière dont les états membres ont pu utiliser la BCE pour financer leurs dettes souveraines.

L'Euro : un système de financement collectif des dettes souveraines

La spécificité de la zone euro est qu'elle représente un arrangement institutionnel particulier permettant aux gouvernements de la zone de financer en partie leur déficit budgétaire.

Une banque centrale peut participer au financement du déficit budgétaire d'un Etat en rachetant directement des titres de dette émis par cet Etat ou en acceptant les titres de dette en tant que garantie. Observons le second mécanisme à l'œuvre au sein de la zone euro. Lorsque le budget d'un gouvernement de la zone est en déficit, le trésor émet des obligations pour le financer. Une fraction significative de ces titres de dette souveraine est achetée par le système bancaire. Les banques sont bien entendu ravies de le faire parce que ces titres de dette souveraine sont acceptés en garantie pour bénéficier des opérations de prêt de la BCE. En d'autres termes, acheter de la dette souveraine est une opération intéressante pour une banque de la zone puisque ce titre de dette pourra par la suite être déposé auprès de la BCE en tant que garantie afin de bénéficier d'un prêt de le BCE. Il est donc indispensable et très profitable pour une banque de la zone euro de détenir des titres de dette souveraine émis par les gouvernements de l'Euroland. En présentant des titres de dette souveraine comme garantie, les banques obtiennent de l'argent de la part de la BCE !

Le mécanisme fonctionne de la manière suivante : les banques créent de la monnaie par expansion du crédit. Elles échangent une partie de cette monnaie contre des titres de dette souveraine afin de se refinancer auprès de la BCE. Au final, les gouvernements de la zone euro financent une partie de leur déficit avec de la monnaie créée par les banques. Les banques quant à elles reçoivent de la nouvelle monnaie banque centrale en déposant les titres de dette en garantie.

Ce mécanisme permet donc aux gouvernements de financer une partie de leur déficit par la BCE en utilisant le système bancaire comme intermédiaire. Pourquoi les gouvernements devraient-ils augmenter les impôts et réduire les dépenses alors que la BCE facilite le financement de l'endettement ? La BCE, en acceptant les titres de dette souveraine en garantie, a donné des incitations économiques fortes aux gouvernements consistant à privilégier le recours à la dette plutôt que la réduction des déficits. Pour endiguer ce qui s'apparente à un aléa moral, le pacte de stabilité et de croissance a été mis en place en 1997 pour limiter ce phénomène en imposant aux états membres des limites tant en termes de déficits publics que d'endettement public. Les critères de Maastricht devaient ainsi discipliner le comportement des gouvernements plus enclins à laisser filer les déficits qu'à équilibrer leurs budgets.

Or, depuis la mise en place de l'euro et tout particulièrement depuis 2008, la plupart des états du Sud de la zone euro n'ont pas su ou non pas voulu s'attaquer à la problématique des déficits et de l'endettement public. Pis, ils ont aggravé la situation sur les deux plans comme le montre la situation caricaturale et tragique de la Grèce.

La tragédie de la dette grecque

Le cas grec est en effet une illustration exemplaire du mécanisme que nous avons dévoilé. Lorsque la Grèce a rejoint la zone euro, trois facteurs se sont agrégés pour produire des déficits publics élevés.

En premier lieu, la Grèce a été admise avec un taux de change élevé. A ce taux, les salaires grecs se retrouvaient très peu compétitifs au regard des salaires des autres nations membres de la zone euro, notamment des pays du Nord bénéficiant d'économies dotées d'un stock de capital plus important. Une économie dont le stock de capital est plus important, accumulé par l'épargne et l'investissement, bénéficie d'un facteur travail plus compétitif. Le problème de compétitivité aggravé par un taux de change élevé pouvait être traité de trois manières : réduire le niveau des salaires et favoriser des gains de productivité importants, augmenter l'indemnisation d'un chômage amené à prendre de l'ampleur étant donné la médiocre compétitivité de l'économie grecque, soit par des indemnités de licenciement plus généreuses, soit par un système de départ en retraite précoce, employer davantage de salariés dans les administrations publiques grecques. Les politiciens grecs n'ont pas réellement envisagé la première solution et se sont plutôt concentrés sur les deux suivantes, ce qui a eu pour conséquence d'aggraver les déficits publics.

Par ailleurs, en rejoignant la zone euro, le gouvernement grec bénéficiait de la garantie implicite des autres états de la zone (garantie qui est d'ailleurs devenue explicite aujourd'hui). Les taux d'intérêt sur les titres de dette grecque ont donc baissé et se sont rapprochés des taux allemands. La conséquence en est que le coût marginal de l'endettement s'est réduit très nettement pour la Grèce.

Enfin, l'endettement grec a été facilité par la BCE. La BCE a accepté les titres de dette grecque en garantie jusqu'à aujourd'hui pour ses opérations de prêt. Les banques européennes ont donc continué à acheter de la dette grecque en l'utilisant comme garantie pour emprunter auprès de la BCE à des taux très bas (autour de 1%). Le différentiel de taux entre les titres grecs et l'emprunt auprès de la BCE rendait ce type d'opération extrêmement profitable.

Sans la garantie apportée par la BCE sur les titres de dette grecque, les banques n'auraient pas été incitées à accumuler autant de dette hellène dans leurs bilans. Elles auraient dû mieux apprécier le risque que représentaient ces titres, ce qui aurait donc entraîné une hausse des taux d'emprunt pour le trésor grec et rendu le recours à la dette plus coûteux. La garantie de la BCE sur la dette grecque a donc contribué à subventionner l'endettement de la Grèce en lui permettant d'emprunter à des taux beaucoup plus faibles que ce que la situation macroéconomique de ce pays n'aurait autorisé.

Les règles prudentielles n'ont fait qu'aggraver le problème. En effet, les règles de Bâle autorisent les banques à ajuster le niveau des fonds propres requis en fonction du niveau de risque des engagements. Or, les titres de dette souveraine pris en garantie par la BCE ont été considérés jusqu'à l'éclatement de la crise de la dette comme les actifs financiers les plus sûrs qui soient. Que pouvait-il y avoir de plus sûr qu'un titre de dette souveraine sachant qu'un gouvernement a le privilège d'augmenter ses revenus par l'impôt et ne peut donc théoriquement faire défaut ? Investir dans la dette souveraine est dès lors encore plus rentable puisqu'il n'était pas nécessaire pour les banques d'augmenter leurs fonds propres. Il n'est pas étonnant que les banques françaises aient accumulé à la fin 2009 € 493 milliards de dettes souveraines portugaises, irlandaises, grecques et espagnoles (Eurostat, 2011).

Peut-on épargner aux nations du Sud de la zone euro une condamnation à l'austérité perpétuelle ?

En prenant les titres de dette des états de la zone euro comme garantie en contrepartie des opérations de refinancement des banques de la zone, la BCE a permis aux états de quasiment autofinancer une partie de leur endettement. En vendant une partie des titres de dette aux banques du système monétaire, les gouvernements européens fabriquent leur propre monnaie pour financer une partie de leur déficit. Les titres de dette souveraine, dès lors qu'ils sont acceptés en garantie par la BCE, valent autant que de la monnaie.

Les nations du versant méditerranéen de l'Europe se sont engagées dans des politiques énergiques de redressement de leur compétitivité. Ces dernières se traduisent par une baisse des salaires réels et des coûts de production. Les derniers résultats de l'Espagne en termes de balance commerciale sont encourageants puisque les exportations espagnoles notamment à destination de la zone euro ont fortement progressé en 2012 et 2013. Ce choc de compétitivité permettra de prendre un nouveau départ en amorçant un cycle de croissance durable et sain et de mettre un terme à l'austérité.

2 - 2 Le Royaume-Uni

Le taux d'endettement global du Royaume-Uni, qui cumule les dettes détenues par le gouvernement, les ménages, les entreprises non financières et les entreprises financières, a dépassé le seuil des 950% du PIB selon une étude publiée en 2011 par Haver Analytics, une société de recherche financière travaillant pour le compte de Morgan Stanley ! La Grande-Bretagne est ainsi la médaille d'or de la dette toutes catégories devant le Japon dont la dette totale représente 600% du PIB et l'Espagne avec 500%.

Le Royaume-Uni est sans doute le symbole même de l'hypertrophie de la finance. La City, au cœur de Londres, est la place financière la plus importante de la planète en compétition avec Wall-Street. La capitale britannique est aujourd'hui sans conteste le principal marché des devises sur le plan mondial. Quant aux banques britanniques, elles figurent parmi les plus puissantes au monde. Le revers de cette médaille est une montagne de dettes qui ne pourra s'effacer que sur une très longue période au prix d'ajustements très douloureux. En effet, la dette totale du secteur financier représente 600% du PIB britannique, six fois le PIB du Royaume-Uni !

Comment en est-on arrivé là et quelles sont les solutions qui s'offrent aux dirigeants britanniques pour sortir le Royaume-Uni de l'ornière ?

Une NICE économie

Durant la première moitié de la décennie 2000, l'économie britannique était en apparence florissante, animée par un marché immobilier en plein essor, un crédit abondant et bon marché et possédant un appétit immodéré pour la consommation. Le gouverneur de la Banque d'Angleterre, Mervyn King, a inventé un néologisme pour qualifier l'économie britannique des années 2000 : *NICE* - qui signifie à la fois *jolie* et *sympathique* en Anglais - pour *Non Inflationary Consistent Expansion.* L'économie britannique semblait ainsi positionnée sur les rails de la croissance perpétuelle ! Le premier ministre britannique de l'époque, Gordon Brown, assurait à l'opinion publique de son pays que le Royaume-Uni ne connaîtrait plus de cycles économiques, d'enchaînements de périodes d'expansion et de récession.

La *NICE* économie britannique n'a pas tenu ses promesses, loin s'en faut. Lorsque la crise immobilière s'est amorcée aux Etats-Unis en 2007 avec les premières faillites des sociétés financières spécialisées dans les prêts *subprime - prêts* immobiliers à taux d'intérêt élevés à destination d'emprunteurs à risque - les ménages britanniques avaient accumulé une dette dépassant la totalité du PIB national ! C'est un niveau d'endettement des ménages record, plus important que la dette accumulée par les ménages américains. Le problème de la dette des ménages de nos voisins d'Outre Manche est encore plus préoccupant lorsqu'on le compare aux revenus disponibles : en 2007, elle représentait 160 % des revenus disponibles des ménages britanniques. A titre de comparaison, la dette des ménages américains ne représentait que 130% des revenus disponibles en 2007. L'onde de choc de la crise des subprimes a été très durement ressentie au Royaume-Uni, brisant nette les promesses de la *NICE* économie.

L'économie britannique est en effet très dépendante du secteur de l'immobilier dans la mesure où son dynamisme influe la confiance des ménages et leur propension à s'endetter et consommer. Plus les prix de l'immobilier augmentent, plus la confiance des ménages se raffermit : ils acceptent dès lors de s'endetter davantage pour consommer plus. Le ralentissement de l'immobilier britannique dès 2007 a freiné l'élan consumériste des britanniques et leur appétit jusque-là immodéré pour la dette. Le secteur bancaire fut également très vite rattrapé par la crise, contribuant à plonger toute l'économie du Royaume-Uni dans un marasme d'une rare vigueur. Il convient de garder à l'esprit que le secteur des services financiers représentait 10% du PIB britannique en 2007 et contribuait à près de 40% de l'impôt sur les sociétés ! La crise de ce secteur a donc entraîné une chute des revenus fiscaux de 12% en 2009, représentant un manque à gagner de 37 milliards de livres sterling. En conséquence, les besoins de financement du gouvernement britannique ont explosé : le déficit budgétaire a en effet atteint 11,5% du PIB en 2009, l'un des déficits budgétaires les plus élevés au monde !

Un endettement global structurel

La dette globale britannique est d'un niveau exceptionnellement élevée. Elle reflète des décennies d'endettement effréné de la part de l'ensemble des acteurs économiques[23]. Les instituions financières - banques et compagnies d'assurance - ont accumulé une dette qui, à elle seule, représente 600% du PIB ! L'hypertrophie du secteur de la finance au Royaume-Uni a largement contribué au gonflement de la dette globale de la Grande-Bretagne. La taille du secteur financier et son niveau d'endettement sont tels qu'ils représentent un risque majeur pour la stabilité de l'économie britannique. L'endettement global du Royaume-Uni est donc structurel, il ne pourra pas être réduit rapidement : la cure de désendettement prendra plusieurs décennies et ce, même si le rythme de croissance annuel du PIB devait dépasser les 3% sur une période durable.

La monétisation de la dette et le retour de l'inflation au Royaume-Uni

Pour faire face à cette dette globale colossale, les autorités monétaires britanniques se sont engagées dans une politique de relâchement quantitatif massive. Le relâchement quantitatif ou assouplissement quantitatif - Quantitative Easing - est une variante non conventionnelle de la politique monétaire. Elle se caractérise par le fait qu'une banque centrale crée de la monnaie ex-nihilo pour racheter des produits financiers afin de soutenir leur prix. Dans le cas du Royaume-Uni, la Banque d'Angleterre s'est lancée dans un programme d'achat massif de bons du trésor britannique - les *gilts* - afin de maintenir leur rendement à maturité - correspondant au temps d'emprunt - au niveau le plus bas possible. En d'autres termes, le trésor britannique emprunte désormais auprès de la Banque d'Angleterre ! C'est la banque centrale qui finance les déficits du gouvernement !

[23] Le gouvernement britannique a accru son endettement de manière spectaculaire depuis 2009.

La stratégie de sortie de ce grand cycle d'endettement est claire : payer la dette en dépréciant la valeur de la monnaie par l'inflation. Cette stratégie n'est pas sans danger : d'une part, l'accélération de l'inflation va inciter les agents économiques britanniques à emprunter davantage ralentissant d'autant l'indispensable processus de désendettement ; d'autre part, elle risque d'entraîner une forte dépréciation de la livre sterling, amplifiant du même coup l'inflation (la dépréciation de la devise renchérit le prix des biens importés, l'inflation est ainsi importée) et déboucher sur une crise monétaire majeure.

CONCLUSION

C'est la bulle finale, endettons-nous et demain, la ruine totale sera le genre humain !

Les politiques monétaires ultra accommodantes menées par la plupart des banques centrales aujourd'hui, la Fed en tête, ne sont-elles pas un facteur de risque pour les années qui viennent ? Ne sommes-nous pas les témoins du gonflement d'une bulle spéculative encore plus massive que celles qui ont éclaté en 2001 (bulle Internet) et en 2008 (bulle immobilière et des dérivés de crédit) ?

Notre analyse montre que des taux d'intérêt artificiellement bas, favorisant le recours à la dette, déstabilisent le fonctionnement des marchés de capitaux : les investisseurs empruntent dès lors davantage pour miser sur des stratégies de placement plus risquées. Ce faisant, les investisseurs concourent à la formation d'une bulle spéculative considérable notamment sur les marchés obligataires.

Penchons-nous un instant sur l'impact de la politique d'assouplissement quantitatif pratiquée par la banque centrale américaine[24]. Le marché immobilier américain s'est redressé ainsi que la confiance des ménages. En rachetant de manière massive les titres adossés sur des emprunts immobiliers, la banque centrale américaine a maintenu les taux d'intérêt du crédit, permettant l'accession à la propriété à un niveau très bas. Par ailleurs, les rachats d'actifs pratiqués par la Fed ont également apporté un surcroît de liquidité sur les marchés de capitaux. Ces flux financiers ont ainsi contribué à la

[24] Les banques centrales japonaises et britanniques pratiquent aujourd'hui des politiques d'assouplissement quantitatif similaires à celle mise en œuvre par la Fed.

hausse des marchés actions et des obligations, que celles-ci soient émises par le trésor américain ou par des sociétés. Le redressement du marché immobilier et l'appréciation de la valeur des actions ont donc augmenté la richesse détenue par les ménages américains. C'est cet effet richesse qui a contribué à l'amélioration du moral des ménages américains.

Cependant, l'efficacité d'une telle politique monétaire est sujette à caution. En effet, ces injections de liquidités permanentes (85 milliards de dollars par mois, 55 milliards de dollars par mois depuis mars 2014) n'ont pas permis de sortir l'économie américaine de l'ornière : l'accélération de la croissance a été obtenue au prix d'un endettement croissant tant des ménages que de l'Etat fédéral. Les ménages ont recommencé à emprunter[25] sur la base d'un effet richesse totalement artificiel : l'augmentation du prix de l'immobilier résidentiel aux Etats-Unis et de la valorisation des actions est pour l'essentiel la conséquence directe de ces injections massives de liquidité. La reprise économique américaine actuelle repose sur les mêmes mécanismes qui ont conduit au désastre de 2008 : une croissance financée par un endettement massif des ménages gagé sur un effet richesse artificiel : la hausse de la valorisation des biens immobiliers et des marchés actions, conséquence directe d'une politique monétaire ultra accommodante, incite les ménages à emprunter davantage.

Par ailleurs, la politique d'assouplissement quantitatif revêt des risques importants pour la stabilité du système financier. Les taux d'intérêt sur les titres financiers adossés sur les emprunts immobiliers et les taux des bons du trésor américains ont baissé de manière significative

---

[25] Selon une note de recherche de la Federal Reserve Bank of New York publiée en février 2014, la dette totale des ménages américains a progressé de 180 milliards de dollars sur l'année 2013.

depuis la mise en place de la politique monétaire d'assouplissement quantitatif. C'est d'ailleurs l'un des objectifs avoués du « Quantitative Easing ». Cependant, ces taux très bas incitent les investisseurs institutionnels - gérants de fonds mutuels et SICAV, fonds de pension, etc. - à prendre beaucoup plus de risques pour offrir des rendements décents aux épargnants. Pour ces professionnels de la gestion pour compte de tiers, investir dans des bons du trésor ou des titres adossés à des emprunts immobiliers n'est plus suffisamment rentable. Pour obtenir des rendements plus élevés, il faut investir des titres financiers plus risqués ! Ainsi, les grands investisseurs institutionnels se sont inscrits dans des politiques d'investissement consistant à prendre de plus en plus de risques pour générer des rendements décents. Cette prise de risque généralisée pourrait se révéler très dangereuse pour la stabilité du système financier !

En outre, la politique ultra accommodante de la banque centrale américaine a contribué à accroître les valorisations des marchés actions et obligataires sur des bases qui apparaissent comme non soutenables. Ces marchés ressemblent à s'y méprendre à des bulles spéculatives qui pourraient éclater dans les mois ou les années qui viennent.

Enfin, la politique actuelle de la Fed crée un véritable risque systémique au niveau du système bancaire. Les banques, à l'instar des autres investisseurs institutionnels, ont investi dans des produits financiers plus risqués pour obtenir des rendements plus élevés que ceux des bons du trésor. Lorsque les taux d'intérêt remonteront, les portefeuilles des banques enregistreront des pertes significatives, pouvant fragiliser certains établissements bancaires.

En augmentant de manière aussi radicale l'offre de dollars, la banque centrale américaine ne prend-t-elle le risque de gonfler une bulle spéculative sur le billet vert ? Le dollar américain est-il la bulle spéculative la plus gigantesque de l'histoire ? Ce super cycle d'endettement que nous avons décrit pourrait ainsi sonner le glas du dollar américain comme monnaie de réserve du système financier international et provoquer une crise monétaire d'une ampleur équivalente à celle qui a entraîné la chute du système de Bretton Woods en août 1971 lorsque les Etats-Unis ont pris la décision de mettre fin à la convertibilité du dollar en or.

BIBLIOGRAPHIE

Friedrich Von Hayek (1967), *Prices and Production*, Ludwig Von Mises Institute, Auburn, Alabama, première édition 1931

John Maynard Keynes (1964), *The General Theory of Employment, Interest and Money*, Harper Court, New-York, première édition 1936

Benoit Mandelbrot (2008), *The misbehaviour of markets*, Profile Books

Hyman Minsky (2008), *Stabilizing an Unstable Economy*, McGraw Hill, première édition 1986

Ludwig Von Mises (1998), *Human Action, The Ludwig Von Mises Institute,* Auburn, Alabama, première édition 1949

Lubos Pastor, Pietro Veronesi (2006), « Was there a NASDAQ bubble in the late 1990's? », *Journal of Financial Economics*, vol 8 (1)

Benjamin Powell (2002), « Explaining Japan's recession », *Quarterly Journal of Austrian Economics*, n°48

Paul Samuelson (1998), *Economics, An introductory analysis*, McGraw Hill, première édition 1948

Thornstein Veblen (2003), *The Theory of the Leisure Class*, Dover Publications, première édition 1899

Table des matières

L'HARMATTAN ITALIA
Via Degli Artisti 15; 10124 Torino

L'HARMATTAN HONGRIE
Könyvesbolt ; Kossuth L. u. 14-16
1053 Budapest

L'HARMATTAN KINSHASA
185, avenue Nyangwe
Commune de Lingwala
Kinshasa, R.D. Congo
(00243) 998697603 ou (00243) 999229662

L'HARMATTAN CONGO
67, av. E. P. Lumumba
Bât. – Congo Pharmacie (Bib. Nat.)
BP2874 Brazzaville
harmattan.congo@yahoo.fr

L'HARMATTAN GUINÉE
Almamya Rue KA 028, en face du restaurant Le Cèdre
OKB agency BP 3470 Conakry
(00224) 60 20 85 08
harmattanguinee@yahoo.fr

L'HARMATTAN CAMEROUN
BP 11486
Face à la SNI, immeuble Don Bosco
Yaoundé
(00237) 99 76 61 66
harmattancam@yahoo.fr

L'HARMATTAN CÔTE D'IVOIRE
Résidence Karl / cité des arts
Abidjan-Cocody 03 BP 1588 Abidjan 03
(00225) 05 77 87 31
etien_nda@yahoo.fr

L'HARMATTAN MAURITANIE
Espace El Kettab du livre francophone
N° 472 avenue du Palais des Congrès
BP 316 Nouakchott
(00222) 63 25 980

L'HARMATTAN SÉNÉGAL
« Villa Rose », rue de Diourbel X G, Point E
BP 45034 Dakar FANN
(00221) 33 825 98 58 / 77 242 25 08
senharmattan@gmail.com

L'HARMATTAN BÉNIN
ISOR-BENIN
01 BP 359 COTONOU-RP
Quartier Gbèdjromèdé,
Rue Agbélenco, Lot 1247 I
Tél : 00 229 21 32 53 79
christian_dablaka123@yahoo.fr

Achevé d'imprimer par Corlet Numérique - 14110 Condé-sur-Noireau
N° d'Imprimeur : 108380 - Dépôt légal : mai 2014 - *Imprimé en France*

www.ingramcontent.com/pod-product-compliance
Lightning Source LLC
LaVergne TN
LVHW051354061026
849535LV00009B/3177
* 9 7 8 2 3 4 3 0 3 5 0 3 1 *